D1003839

*À mes filles, mes amies et toutes
les femmes qui m'inspirent.*

PRÉFACE DU DESIGNER
ANDY THÊ ANH

Phong cách !!! Le style !!!

Qui s'imprègne d'où l'on vient, se compose d'où l'on est, se choisit
d'après où l'on va... Design du passé, mode actuelle et création
du futur... Selon les inspirations proposées, il faut assumer
son style et le vivre.

Le style est d'abord affaire personnelle. On naît avec un style.
Celui-ci reflète notre caractère, notre pensée et nos états d'âme.
C'est un message aux autres, un moyen de communication,
une marque de distinction !

Nos origines influencent notre tendance. Nos parents, la société,
notre religion agissent sur la fondation de notre style. S'alliant
à notre tempérament, nos valeurs, le tout compose un solide canevas.
Que veut-on projeter ? Comment désire-t-on être perçu ? Quel regard
cherche-t-on ? Le style se veut l'impact final d'un code défini par
nos goûts individuels.

Façonner son style, c'est accepter qui l'on est, l'exprimer haut et fort,
et surtout le faire évoluer !

Les tissus, les formes et les couleurs...

Autant de propositions, de créations et de designers...

Ouvrant sur un monde infini de styles.

Maintenant, il ne suffit que de choisir pour avancer avec le temps.

Louise, merci pour tes conseils.

Andy

Directeur de l'édition : Martin Balthazar
Éditrice déléguée : Jacinthe Laporte
Design et infographie : Brigade
Illustrations : Marie-Josée Rock
Crédit photographique : Luc Robitaille
Revision : Anne Robichon
Correction : Violaine Ducharme

L'éditeur bénéficie du soutien de la Société de développement des entreprises
culturelles du Québec (SODEC) pour son programme d'édition et pour ses activités
de promotion.

L'éditeur remercie le gouvernement du Québec de l'aide financière accordée à l'édition
de cet ouvrage par l'entremise du Programme de crédit d'impôt pour l'édition
de livres, administré par la SODEC.

Nous reconnaissons l'aide financière du gouvernement du Canada par l'entremise
du Programme d'aide au développement de l'industrie de l'édition (PADIE)
pour nos activités d'édition.

© Les Éditions La Presse
TOUS DROITS RÉSERVÉS
Dépôt légal – 3ᵉ trimestre 2009
ISBN 978-2-923681-09-2
Imprimé et relié au Canada

LES ÉDITIONS
LA PRESSE

Président : André Provencher
Les Éditions La Presse
7, rue Saint-Jacques
Montréal (Québec) H2Y 1K9
514-285-4428

Catalogage avant publication de Bibliothèque et Archives nationales
du Québec et Bibliothèque et Archives Canada

Labrecque, Louise, 1963-

Avec style - Secrets d'une garde-robe bien pensée

ISBN 978-2-923681-09-2

1. Mode 2. Vêtements. 3. Codes vestimentaires I. Titre

TT515 L32 2009   646'.3   C2009-941003-6

Est-ce que j'aime la façon
dont je m'habille ?

Est-ce que j'ai de la facilité
à agencer mes vêtements ?

Est-ce que j'envie le style
de certaines personnes ?

Est-ce que mes tenues m'avantagent
et reflètent ma personnalité ?

Est-ce que j'ai le sentiment de porter
toujours les mêmes tenues alors que
ma garde-robe déborde de vêtements ?

Est-ce que j'achète des vêtements
que je ne porte jamais ?

Est-ce que ma penderie
est un véritable capharnaüm ?

Si vous hésitez ou répondez oui à l'une de ces questions,
ce livre vous apportera de judicieux conseils pour
mettre fin à vos problèmes vestimentaires.
Après sa lecture, répondez de nouveau à ce questionnaire ;
vous serez surprise du résultat !

TABLE DES MATIÈRES

INTRODUCTION

«Qu'est-ce que je mets aujourd'hui?» Chaque matin, c'est la même question! Vous faites le piquet devant votre penderie, essayant, tant bien que mal, d'agencer ce haut-ci, ce pantalon-là... Un vrai casse-tête!

Votre rêve? Qu'une styliste vous bâtisse une garde-robe idéale, qui valoriserait votre silhouette, tout en vous donnant un style incomparable.

Permettez-moi de mettre fin à votre torture vestimentaire. Depuis plus de vingt ans, j'habille et je déshabille les gens! Je suis styliste et créatrice de costume pour le cinéma, la télévision, les magazines, les campagnes publicitaires. Les corps de toutes formes et de tous âges n'ont donc plus de secrets pour moi.

Les femmes d'affaires, hommes politiques, personnalités de la scène artistique font également appel à mes services. J'analyse leur morphologie, entre dans leur penderie, sélectionne leurs vêtements. Par de judicieux conseils, je leur apprends à sublimer leurs qualités. Je leur parle de coupes, d'achats à faire, de ceux à éviter. Je leur fais découvrir les tendances et leur compose un style personnel et unique.

Ce livre, je l'ai donc écrit pour vous qui rêvez qu'une styliste se glisse dans votre garde-robe. Avec cœur, j'y ai mis toutes les connaissances acquises durant ces années. Mon but? Vous aider à reconnaître vos forces et à les mettre en valeur par des vêtements adaptés à vos courbes. Parmi les trucs et astuces de mon métier, vous trouverez des réponses à vos tourments: ces vêtements me conviennent-ils?

Comment personnaliser mon style? Quoi porter pour une entrevue?

Ici, il ne sera question ni de mode ni de tendances. Elles sont éphémères et souvent artificielles bien que j'aie beaucoup de respect pour les créateurs qui réinventent, saison après saison, ces vêtements qui nous font tant rêver. Je me concentre plutôt sur votre réalité. Celle du quotidien où chaque jour, vous devez vous habiller pour aller travailler, faire des emplettes ou sortir entre amis. Parce que s'habiller, personne n'y échappe. Alors pourquoi ne pas le faire avec goût?

Votre style deviendra votre signature. Oubliez les images de mannequins dans les magazines et l'allure des célébrités sur les tapis rouges. Derrière eux, une armée de professionnels travaillent des heures pour arriver à ces résultats, souvent faussés par la technologie de retouche. Qu'ils vous servent d'inspiration et non d'exemple.

Ce livre-outil vous aidera à avoir confiance en vous. Votre œil s'aiguisera afin que vous deveniez votre propre styliste. Et surtout, il mettra fin à l'éternelle ritournelle: «je n'ai rien à porter»!

LES
10 RÈGLES
DU STYLE

01

01. **La mode n'est jamais banale.** Amusez-vous et prenez des risques sans jamais oublier de rester élégante. C'est la clé du succès !

02

02. **Mettez vos atouts en valeur.** Vous avez de belles jambes ou un beau décolleté : montrez-les !

03

03. **Évitez les ensembles.** Brisez les codes établis en mélangeant les styles (jupe classique et blouse bohémienne / jeans et veston de satin).

04

04. **Ayez toujours un élément accrocheur qui personnalise vos tenues** (accessoire vedette, couleur franche, imprimé audacieux, coupe originale...).

05

05. Votre ensemble est triste ? **Misez sur les accessoires.** Ils sont la signature de votre style.

06

06. **Adaptez les tendances de la mode** en respectant votre âge et votre corps, sans tomber dans l'ennui.

07. **N'en faites pas trop.** Il vaut mieux être classique que faussement branchée !

07

08

08. **Ne vous limitez pas aux saisons.** Mélangez-les (robe d'été et cardigan de laine).

09. **Le vêtement ne doit jamais être plus important que vous.** On doit voir votre personnalité à travers la robe. Et non le contraire.

09

10

10. **Mieux vaut être chic qu'ordinaire.**

LES SECRETS DE LA PERCEPTION

Quel est votre style? Difficile de répondre! Le style ne se limite pas qu'aux vêtements. Il est un tout : votre façon de rire, de marcher, de parler, de relever le col d'un tailleur, d'agencer vos couleurs. Il est ce petit plus qui se remarque et vous distingue.

Vous connaissez certainement des femmes qui ont un doigté incomparable pour transformer un vêtement ordinaire en prodige. Pourtant, avoir du style n'est pas inné. Il ne demande pas une silhouette parfaite, ni un excès de talent ou d'argent. Quel est leur secret? C'est simple : elles savent ce qui les habille et elles savent jouer avec les perceptions qu'ont les autres sur elles-mêmes.

Vous aimeriez développer ce talent? Quelques notions de base sont nécessaires afin de comprendre la dynamique de votre corps et l'effet des vêtements sur lui. Je vous ouvre ici ma boîte à outils : vous détiendrez tous les secrets pour vous composer un style unique. Et vite, vous aussi serez capable de vous habiller avec confiance... et succès!

Yves Saint Laurent
affirmait que le poison
de la mode tue.
Le style est son antidote :
il enrichit,
développe et fortifie.

LA PERCEPTION

VOTRE BUT Créer une illusion d'optique afin de mettre en valeur votre silhouette.

Les yeux sont menteurs ! Ils voient ce qu'ils veulent bien percevoir. Prenez l'exemple de la rayure. On dit que les lignes horizontales élargissent la silhouette. Pourquoi ? Parce que l'œil distingue plus facilement dans sa totalité les lignes horizontales que verticales. Et parce qu'il les voit entièrement et plus facilement, celles-ci accentuent les formes du corps. Elles créent ainsi l'illusion de grossir.

Vos vêtements agissent en véritable trompe-l'œil. Leurs formes, couleurs, imprimés et textures créent une perspective qui fausse parfois la réalité. Remarquez comment votre taille s'affine lorsque vous accentuez vos épaules et/ou vos hanches. Voyez comment vos bras semblent minces lorsque vous portez un chandail à manche trois quarts.

Vous êtes l'illusionniste de votre silhouette. Vous devez utiliser vos outils — vêtements et accessoires — pour la mettre en valeur. Car sitôt que vous l'enveloppez d'une jupe ample ou d'un chemisier coloré, celle-ci se transforme selon l'effet que vous désirez créer.

Tout au long de ce livre, je vous parlerai de cette perception de l'œil. Au début, cette notion vous paraîtra complexe. Puis, avec un peu d'attention, vous aiguiserez votre œil, réalisant ainsi l'importance de son rôle sur la façon de vous habiller. Mettant à profit ces connaissances, vous pourrez déjouer facilement les regards grâce à la complicité de ces lignes, couleurs et volumes.

POUR RÉUSSIR

- **Attirer le regard là où vous le désirez** : Ce concept est la base de l'habillement. Apprenez à déjouer la perception créée par vos vêtements en dirigeant adroitement les regards. L'œil est attiré par la peau dénudée, les couleurs vives, les éléments distinctifs. Soyez futée !

EX. Vous avez de jolies épaules ? Dégagez votre cou et portez un chandail ouvert en V, de couleur contrastée.

- **Créer une illusion d'optique** : Percevez les volumes, couleurs, imprimés, textures et autres détails de vos vêtements comme des outils qui agissent en trompe-l'œil pour valoriser votre corps.

EX. Une femme de forte taille crée l'illusion d'une perspective amincissante en juxtaposant un vêtement cintré à un vêtement plus ample.

- **Équilibrer votre silhouette** : Modelez votre corps comme un sculpteur, en misant sur l'effet créé par le volume et les couleurs d'un vêtement pour rééquilibrer et harmoniser les formes de votre corps.

EX. Une jupe ballon équilibre une carrure d'épaules prononcée.

- **Balancer vos proportions** : Votre corps se divise en trois parties : la tête, le torse et les jambes. Certaines ont un torse plus long que les jambes. D'autres ont les jambes très longues proportionnellement au corps. Déjouez les perceptions. Utilisez les lignes horizontales, verticales et obliques pour allonger, raccourcir et balancer votre silhouette (*voir plus loin la section « Les proportions du corps parfait »*).

EX. Une ligne horizontale sous le buste (taille empire) aide à équilibrer les proportions en allongeant les jambes.

- **Ajuster les longueurs** : Parfois, il suffit de réduire de quelques centimètres l'ourlet d'une robe ou d'un veston pour donner l'illusion de longueur.

EX. Une jupe portée au-dessus du genou crée l'impression d'allonger la silhouette d'une femme de petite taille (5 pi 4 po et moins).

PHOTOGÉNIE

Vous aimeriez être belle à tout coup sur vos photos ? Le photographe Luc Robitaille vous dévoile ses trucs de pro :

- **Oubliez les petits mots magiques** — *cheese, sexe* — qui ne font que figer l'expression. Pensez plutôt à un évènement heureux ou comique. Votre regard transmettra le message.
- **Soyez naturelle.** Ne forcez pas le sourire. Un truc : abaissez la tête puis redressez-la au dernier moment. Promesse de Luc !
- **Redressez-vous et projetez vos épaules vers l'arrière.** On sentira ainsi votre belle énergie sur la photo.
- **Si vous avez des hanches fortes**, écartez les jambes pour équilibrer votre silhouette. Tournez légèrement le bassin de trois quarts.
- **Quand vous croisez ou déposez vos bras sur votre corps**, appuyez-les délicatement, sans aucune pression, afin d'éviter de créer des plis indésirables et que vos bras ne paraissent plus larges qu'ils ne le sont en réalité.
- **Portez toujours des vêtements confortables**, que vous adorez et dont vous êtes fière. Vous serez ainsi plus en confiance et rayonnerez.
- **Si vous avez un visage large ou asymétrique**, tournez-le légèrement de trois quarts.
- **Tournez toujours votre visage vers la source de lumière.** Vous n'en serez que plus belle.

Connaître l'emplacement de la source de lumière est le secret pour réussir ses photos, selon le photographe Luc Robitaille.

LE NOMBRE D'OR

Il existe une théorie de la proportion idéale et de l'harmonie parfaite. Inconsciemment, vous l'employez lorsque vous choisissez un vêtement, prenez une photo, jouez de la musique ou décorez votre maison.

Élaborée durant l'Antiquité grecque, cette règle a été appliquée par les plus grands dont Léonard de Vinci et Le Corbusier. Elle est le résultat du calcul mathématique $(1 + \sqrt{5}) / 2$, soit 1,618, et porte le nom de phi, baptisé le nombre d'or.

Selon cette logique, toutes lignes divisées par ce nombre présentent des proportions parfaitement équilibrées. On parle alors d'harmonie, de beauté, d'esthétique. Cette règle des proportions se retrouve entre autres dans la nature (l'alignement régulier des étamines d'un tournesol), dans le corps humain (le nombril séparerait parfaitement le corps), en architecture (la pyramide de Khéops), en dessin (la composition de la Cène de Léonard de Vinci), dans l'ameublement (la hauteur des tables et des chaises en proportion avec le corps). Elle se démarque également dans l'art vestimentaire.

Ainsi, connaître cette loi de la proportion peut vous aider à équilibrer votre silhouette. Mais inutile de sortir votre calculatrice ! Suivre à la lettre son application est complexe. Mon conseil : ouvrez l'œil et servez-vous de votre jugement pour définir vos propres proportions idéales.

LES PROPORTIONS DU CORPS PARFAIT

D'après ce chiffre, notre tête entre de sept fois et demie à huit fois dans notre corps (selon notre grandeur). Mais les dessins de mode que vous apercevez dans les magazines sont conçus sur des silhouettes de 9 à 10 têtes. D'ailleurs, même en photo, les jambes des mannequins sont souvent allongées, produisant ainsi un aspect irréel qui défie les lois du nombre d'or. Voilà pourquoi nous aimons nous jucher sur des talons hauts !

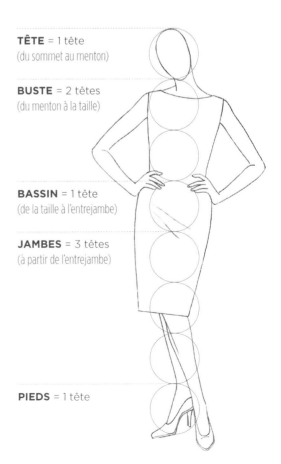

TÊTE = 1 tête
(du sommet au menton)

BUSTE = 2 têtes
(du menton à la taille)

BASSIN = 1 tête
(de la taille à l'entrejambe)

JAMBES = 3 têtes
(à partir de l'entrejambe)

PIEDS = 1 tête

LES PROPORTIONS IDÉALES D'UN VÊTEMENT

Pour obtenir une silhouette harmonieuse selon le nombre d'or, le vêtement doit respecter les proportions 3/5 ou 5/8. Voici ce qui les détermine :

- **Les longueurs** des vêtements.
- **Les proportions** des vêtements entre eux.
EX. La longueur de cette veste courte par rapport à celle de cette jupe.
- **La masse** créée par les couleurs, imprimés et textures.
- **La quantité** de peau dénudée.
EX. La partie dénudée représente 3 têtes (tête 1 + jambes 2). La robe de la page précédente est en parfaite harmonie avec le nombre d'or, car elle se conforme à la règle 5/8 :
- La robe représente 5 têtes (buste 2 + bassin 1 + jambes 2) sur le corps qui compte 8 têtes. La proportion 5/8 est donc respectée.
- La quantité de peau dénudée par rapport à la robe est aussi respectée : la robe a 5 têtes et les bras nus marquent 3 têtes. La peau dénudée équilibre donc la masse créée par la robe.

Si la robe de la page précédente était plus longue (au mollet), nous aurions une proportion 6/2. L'équilibre ne serait donc pas respecté selon la règle du nombre d'or. Pour le retrouver, il faudrait un joli décolleté qui balance le tout.

Cette règle n'est qu'un guide. Aussi, ayez confiance en votre œil. Si vous voyez que les longueurs et les couleurs de votre tenue s'équilibrent entre elles et que votre silhouette est harmonieusement proportionnée, c'est que vous avez atteint votre « nombre d'or » !

QUELLES SONT CES PROPORTIONS ? 3/5 & 5/8

EX. D'après le nombre d'or, un bouquet de cinq tulipes composé de trois tulipes roses et de deux tulipes blanches est harmonieux de même qu'un bouquet de huit tulipes dont cinq sont d'une couleur et trois d'une autre couleur contrastante.

LA PERCEPTION DES IMPRIMÉS

VOTRE BUT Choisir un imprimé selon votre silhouette et apprendre à le coordonner facilement.

J'aime les imprimés. Pas vous ? Ils sont à la garde-robe ce que les bulles sont au champagne : des notes de gaieté et de fraîcheur. Bien choisis, ils avantagent, tonifient et sculptent la silhouette. De plus, ils multiplient les possibilités d'agencement de votre garde-robe : un chemisier léopard, par exemple, se coordonne avec un pantalon noir, une jupe beige ou un jeans, et ajoute de la personnalité au vêtement assorti. Pourquoi s'en passer ?

Mais les imprimés sont sournois. S'ils sont mal agencés, ils peuvent alourdir. Pire, dévoiler un manque de goût. Aussi, redoublez de prudence lorsque vous en portez.

POUR RÉUSSIR

Choisir un imprimé selon votre taille et votre grandeur :

• **Si vous êtes petite et menue**, fixez votre choix sur des petits dessins pour ne pas couper votre silhouette. Des imprimés bicolores et de couleurs atténuées vous sont favorables.

• **Si vous êtes grande**, préférez les motifs de dimension importante, car une répétition de petits dessins deviendrait trop évidente. Misez également sur les contrastes de couleur ; vous pouvez vous le permettre.

• **Si vous êtes forte de taille**, vous serez avantagée par les grands motifs non réguliers (dessins abstraits, lignes hachurées…). Ces formes diffuses distraient l'œil de vos interlocuteurs sans créer d'effet de masse.

• **Jouez les trompe-l'œil** : privilégiez les imprimés pour créer une diversion et attirer les regards là où vous le voulez.

• **Minimisez les mélanges d'imprimés** à moins de vouloir obtenir un style bigarré.

• **Pour vous aider à coordonner un vêtement imprimé**, associez-le à un vêtement neutre (ou à un accessoire) aux couleurs dominantes de l'imprimé.
EX. Une jupe fleurie bleue, garnie de minuscules feuilles vertes et roses sur un fond crème, s'agence magnifiquement à un chandail bleu ou crème uni.

FUYEZ LA VIBRATION !

Si vous faites une présentation et voulez capter l'attention de vos auditeurs, évitez les petits imprimés. Faites attention aux motifs à répétitions comme les pois, les carreaux Vichy, les pied-de-poule, les fines rayures ou le tissage à chevron, qui provoquent souvent un effet de vibration distrayant et même ennuyant pour l'auditoire. Pourquoi ? Parce que l'œil se fatigue vite s'il doit fixer un objet (vous, en l'occurrence !). Lorsque l'œil analyse un motif répétitif dont le contraste est fort — une fine rayure noire et blanche par exemple —, celui-ci réagit dans un mouvement rapide de va-et-vient. Vous avez alors l'impression que le motif vibre.

Ce phénomène se remarque à la télévision : les rayures blanches et bleues de la chemise d'une animatrice semblent bouger. Ici, ce n'est pas l'œil mais la caméra qui n'arrive pas à fixer et à lire la définition de la rayure. **TRUC** Pour vous assurer qu'un imprimé ne vibre pas, fixez-le en plissant vos yeux. S'il se produit un mouvement, évitez-le pour la présentation.

Vos interlocuteurs n'auront d'yeux que pour vous !

LA PERCEPTION DES IMPRIMÉS

01

Le léopard

C'est l'imprimé le plus glamour et photogénique qui soit, mais il est difficile à porter. Il rappelle d'abord ce grand fauve provocant. Puis, ces taches noires sur fond ocre et crème créent une profondeur qui accentue la silhouette. Malgré cela, le motif léopard n'a pas son pareil pour donner du style à une tenue. Il convient à toutes les silhouettes selon la taille et la couleur de l'imprimé.

TRUC Pour dompter cet imprimé, misez sur un accessoire : une chaussure, un sac à main ou une ceinture à motif léopard.

02

L'imprimé bicolore

Ce motif se compose de deux teintes, donc est bien équilibré. Si le motif est en ton sur ton (même nuance de couleur), il donne une texture au tissu sans ajouter d'effets négatifs à la silhouette. Celui-ci peut donc habiller tous types de femmes et est facile à coordonner.

TRUC Les contrastes importants (noir et blanc, gris et fuchsia, orange et crème) donnent une touche vivante et moderne (voir le chapitre 2 « Les couleurs »). Par contre, l'imprimé bicolore contrasté est plus difficile à porter, car il crée un effet d'optique. Pour styliser un ensemble imprimé bicolore, ajoutez un accessoire d'une autre couleur. Exemple : une robe noire et blanche avec une chaussure rouge.

03

L'imprimé à trois couleurs et plus

Dès qu'il y a une troisième couleur, l'équilibre est rompu. Le dessin prend alors plus d'importance. Par exemple, des fleurs rouges sur un fond noir donnent l'impression d'un ensemble. Si on ajoute une feuille verte, la fleur se détache du fond, car ce troisième élément crée une perspective ainsi qu'un effet d'optique. Il faut le choisir selon la taille de sa silhouette.

TRUC Un fond foncé (noir, marine, chocolat) est amincissant. Profitez-en ! Ces imprimés sont aussi faciles à agencer et apportent de la variété à votre garde-robe. Un bon achat !

04

L'imprimé géométrique multicolore
(art déco, pop art, influence 1970)
Si vous regardez ces dessins linéaires d'une certaine distance, vous remarquerez qu'une ou deux couleurs ressortent du fond, créant ainsi une direction : ronde, oblongue, verticale, horizontale, diagonale ou zigzag. Il est donc préférable de choisir des dessins continus à la verticale ou à la diagonale afin d'allonger la silhouette.

TRUC Utilisez ces motifs avec parcimonie, car ils peuvent alourdir la silhouette. Pour ne pas commettre une faute de goût, coordonnez-les à un vêtement uni, de la même teinte que la couleur la plus foncée de l'imprimé.

05

Les carreaux
Les motifs et tissages à carreaux (tartan, prince de Galles, pied-de-poule) sont plus difficiles à porter — surtout s'ils sont grands et colorés —, car ils sont réguliers. Ils tendent donc à alourdir. Les personnes fortes ou de petites tailles devraient éviter les grands carreaux de couleurs vives.

TRUC Dans un carreau, il y a toujours une ligne dominante. Pour avantager votre silhouette, remarquez la direction que prend cette ligne contrastante.

06

Les rayures
La largeur de la rayure et son contraste de couleurs créent différentes perceptions. N'oubliez pas que l'œil perçoit plus facilement la rayure horizontale que verticale. C'est pour cette raison que cette dernière semble élargir la silhouette. Utilisez-la plutôt pour accentuer une partie de votre corps (la poitrine ou les épaules par exemple). Notez que la fine rayure ne crée pas d'effet de largeur. Méfiez-vous toutefois des pantalons rayés à la verticale, car la ligne tend à se déformer au niveau des hanches.

TRUC Pour amincir, misez sur les rayures en diagonale. Elles sont plus flatteuses, surtout les lignes hachurées et non continues.

LES COULEURS

Il y des couleurs qui vous attirent plus que d'autres. Lorsque vous enfilez un chandail de l'une de ces teintes, vous êtes immédiatement à l'aise et rayonnante. Non ? Il y a aussi celles que vous fuyez, car elles vous rendent ternes et moches. Ces teintes affreuses selon vous, vous les connaissez certainement puisqu'elles traînent au fond de votre placard !

Les couleurs que vous portez interagissent avec la teinte de votre peau, de vos yeux et de vos cheveux. Leurs éclats se refléchissent sur vous, créant ainsi une harmonie. Du coup, vos traits s'adoucissent, votre regard s'illumine. Vous semblez reposée et rajeunie. Cet effet peut néanmoins se briser si les tonalités ne s'accordent pas aux vôtres. Tirez donc avantage de ces couleurs « bonne mine ». Elles sont un véritable élixir de jeunesse.

Comment trouver ces teintes qui vous font belle ? Regardez-vous. Votre peau, vos yeux et vos cheveux ont une tonalité et des reflets : ils sont froids (bleuté/rose/argenté) et chauds (pêche/orange/doré). Certaines personnes ont davantage de pigments froids, alors que d'autres présentent une tonalité majoritairement chaude. Et c'est justement cette tonalité dominante que vous devez trouver pour atteindre l'équilibre parfait.

Toutes les couleurs vous conviennent; seules la nuance et l'intensité importent.

Les couleurs
sont les vitamines
de la mode.

Lexique

MONOCHROME Ce terme signifie que le vêtement n'est que d'une seule couleur.
EX. Une robe rouge unie est monochrome. Lorsqu'on parle d'harmonie monochrome, la couleur se décline dans la même teinte : rose pâle, rose, rose foncé.

CAMAÏEU Agencement se composant de deux ou trois teintes de la même nuance, ce qui crée un très bel effet.
EX. Jaune-orangé + orange + rouge orangé.

TON SUR TON Le ton d'une couleur décrit sa luminosité. L'expression ton sur ton se rapproche du sens d'une harmonie monochrome. La différence : ce sont les textures du tissu et leur éclat qui déterminent la nuance.
EX. Une tenue noire en ton sur ton indique que chaque vêtement est noir, mais présente une tonalité différente (velours, satin, coton, dentelle, lainage). Cette façon de s'habiller est très élégante.

COULEUR COMPLÉMEN-TAIRE Couleur diamétralement opposée sur le cercle chromatique. Comme son nom l'indique, elle est son complément parfait.
EX. Rouge est le complément de vert; jaune est celui de violet. Il faut néanmoins les mélanger parcimonieusement pour ne pas choquer l'œil.

LE CLASSEMENT DES COULEURS

Plusieurs théories ont été élaborées afin de classer les couleurs selon la pigmentation de chacun. Néanmoins, le principe demeure le même : regrouper les couleurs selon les reflets chauds ou froids, et selon l'intensité du contraste : lumineux ou sombre.

Certains les apparentent aux astres (étoile, lune, soleil, terre), aux minéraux (or, argent, cuivre, nickel) ou tout simplement aux reflets (chauds et froids). La plus populaire demeure celle du classement saisonnier (printemps, été, automne, hiver). Cette méthode est facilement décodable, car elle repose sur ce qui se fait de plus harmonieux : la nature.

Toutes ces méthodes sont bonnes. Que vous optiez pour une saison, un astre ou un métal, l'important, c'est de trouver l'harmonie des couleurs qui vous font belle. Celle-ci vous guidera dans le choix de vos vêtements, des accessoires (lunettes, par exemple), du maquillage et de la coloration des cheveux.

Cette robe est en camaïeu de jaune moutarde.

COMBIEN?

Une garde-robe bien équilibrée
doit contenir 2/3 de couleurs neutres
(noir, blanc, beige, gris...) et
1/3 de couleurs accent (rouge, jaune,
violet, turquoise...).

L'HISTOIRE DES SAISONS

La théorie des « quatre saisons de couleur » ne date pas d'hier.
Elle se base sur les études du célèbre peintre suisse Johannes Itten
(1888-1967), de l'école Bauhaus en Allemagne. Ses réalisations :
l'élaboration du cercle chromatique ; le classement des couleurs
primaires (jaune, cyan et magenta) et secondaires ; les sept degrés
de contrastes dont le chaud/froid et le clair/sombre.

C'est en 1928 qu'Itten fait un rapprochement entre les saisons
et les couleurs (étude plus tard publiée dans son ouvrage *L'Art de la
couleur*, 1961). Alors qu'il analyse les travaux de ses étudiants,
il découvre que les couleurs choisies intuitivement par un étudiant
sont celles qui s'harmonisent le mieux à la couleur de sa peau,
de ses cheveux et de ses yeux.

Ainsi une personne aux cheveux foncés a un penchant pour des
coloris de base froide et contrastée. Une autre aux mèches blondes
aime utiliser des tons pastel. Celle aux cheveux dorés préfère
les palettes chaudes et ensoleillées, alors que les nuances chaudes
et épicées sont choisies par une personne aux reflets roux.

Sa théorie a été adaptée à la mode et à l'art du maquillage dans
les années 60 par Suzanne Caygill. Dans les années 70, la méthode
saisonnière a connu son essor grâce à Carole Jackson qui publia
le livre *Color me beautiful*.

LA MÉTHODE SAISONNIÈRE

La théorie des couleurs saisonnières classe les couleurs d'après leur tonalité froide ou chaude et leur éclat, du contraste lumineux à sombre.

La palette de l'été et de l'hiver contient les couleurs aux reflets froids, à base de bleu et de rose. L'éclat de l'été est tout en douceur; l'hiver est franc.

Celle du printemps et de l'automne se compose de couleurs aux reflets chauds, à base d'orangé et de doré. L'éclat du printemps est doux et lumineux tandis que celui de l'automne est dense et parfois sombre.

SAISON	CARNATION (Teint de la peau)	REFLET PEAU, CHEVEUX ET YEUX	HARMONIE ET TONALITÉ DES COULEURS QUI VOUS AVANTAGENT	ÉCLAT DES COULEURS QUI VOUS AVANTAGENT
Été	Rose	Froid Bleuté et argenté	Froide Rosée et bleutée	Doux et lumineux
Hiver	Rose	Froid Bleuté et argenté	Froide Rosée et bleutée	Franc et pur
Printemps	Pêche	Chaud Orangé et doré	Chaude Orangée et dorée	Gai et chaleureux
Automne	Pêche	Chaud Orangé et doré	Chaude Orangée et cuivrée	Vif et sombre

VOTRE TEINT EST-IL CHAUD OU FROID ?
ROSE OU PÊCHE ?

La couleur de votre peau est le résultat de trois facteurs: la mélanine (brun), le carotène (jaune) et l'hémoglobine (rouge). Ces trois composantes varient en quantité d'une personne à l'autre et déterminent la carnation.

Pas facile de trouver votre tonalité? À part votre visage, vous pouvez analyser la peau de vos poignets ou une partie de votre corps moins exposée au soleil. Comparer votre teint à celui d'une amie vous aidera également à déterminer si votre carnation est rose ou pêche. Notez qu'un teint jaunâtre ou olivâtre peut donner une tonalité froide.

TEST : QUELLES SONT VOS COULEURS ?

Pour découvrir les couleurs qui vous mettent en valeur,
répondez intuitivement à ces questions :

01. Parmi l'harmonie de couleurs suivantes, laquelle vous attire le plus ?

02. Parmi l'harmonie de couleurs suivantes, laquelle fuyez-vous ?

03. Quel chandail vous donne un meilleur teint ?

04. Votre garde-robe se compose en majorité de :

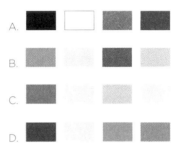

05. Laquelle de ces teintes se rapproche le plus de la couleur de vos cheveux ?

A & C. Blond cendré ou platine – châtain cendré – brun acajou - noir

B & D. Blond doré – châtain clair – roux châtain – auburn

06. Laquelle des quatre chartes de couleurs (pages suivantes) **vous avantage ?**

Pour le déterminer, regardez-vous dans le miroir et accolez chacune d'elles à votre visage. Remarquez le changement de votre teint, de vos yeux et de vos cheveux. La palette qui vous convient est celle qui vous illumine et met en valeur vos traits.

A. Hiver

B. Printemps

C. Été

D. Automne

A. **HIVER**

B. **PRINTEMPS**

C. **ÉTÉ**

D. **AUTOMNE**

LA MODE DE
GENEVIÈVE BROUILLETTE,
COMÉDIENNE
« Le noir est passe-partout.
Comme je voyage beaucoup, partout
où je vais, je roule dans mes bagages
une petite robe noire. Elle est
ma pièce fétiche pour parer à toutes
éventualités. Avec cette robe,
ma devise — *less is more* — prend tout
son sens. Elle est toujours élégante,
jamais déplacée et un rien la transforme.
Quand on a un budget serré,
un tel vêtement est un bon investissement :
il est polyvalent et ne se démode jamais.
C'est un *must* ! »

A. **HIVER**

Si vous avez répondu **A** à la plupart des questions, vous aimez les couleurs aux reflets froids et bleutés, de préférence celles qui sont vives et franches, à l'image d'une belle journée d'hiver. Le teint de votre peau est frais et rosé. Vos reflets sont froids, bleutés et argentés. Les couleurs de cette charte vous avantagent.

LA MODE DE
MITSOU,
ANIMATRICE
ET CHANTEUSE
« La beauté vient de l'intérieur.
C'est la base. Lorsqu'on se nourrit
sainement et qu'on fait de l'exercice,
notre peau est éclatante,
notre maintien est ferme et énergique.
On rayonne quoi ! La mode et
les vêtements ne font qu'appuyer
cette vitalité. Les femmes d'aujourd'hui
ont la possibilité d'exprimer leur
personnalité par leur style vestimentaire.
Mon conseil : « être funky ! »
Pour cela, il faut connaître son corps,
ses couleurs, équilibrer ses proportions,
oser et s'amuser. Et ça, toutes les
femmes peuvent y arriver ! »

B. **PRINTEMPS**

Si vous avez répondu **B** à la plupart des questions, vous êtes attirée par les couleurs aux reflets chauds et dorés. Celles-ci sont lumineuses et gaies comme une forte éclosion de fleurs printanières. On dit de vous que vous avez une «peau de pêche» tant votre teint est délicat. Vos reflets sont chauds, orangés et dorés. Les couleurs de cette charte vous mettent en valeur.

LA MODE DE
JULIE BÉLANGER,
ANIMATRICE

« Pour moi, le style s'apprend.
Je viens d'un village de la Côte-Nord
où la mode était peu accessible.
J'ai donc découvert mon style
quand je suis arrivée à Montréal.
J'ai compris qu'en ajoutant
quelques touches tendance à de bons
basiques, on se bâtit une garde-robe
qui se tient. Quant aux couleurs,
elles la personnalisent.
Celles qui m'avantagent?
Le gris et le rose surtout. J'aime l'éclat
qu'ils donnent à ma peau. »

C. **ÉTÉ**

Si vous avez répondu **C** à la plupart des questions, vous aimez les couleurs aux reflets froids et bleutés. Au contraire du A., celles-ci sont en demi-tons, douces et lumineuses, comme un jardin de fleurs sous le soleil d'une fin d'après-midi. Votre carnation est claire et rosée. Vos reflets sont froids, bleutés et argentés. Le gris est préférable au noir. Les couleurs de cette charte vous avantagent.

LA MODE DE
LOUISE FORESTIER,
ANIMATRICE
ET CHANTEUSE

« Plusieurs femmes ont un problème physique. Moi, j'ai une déviation de la colonne vertébrale. Ce n'est pas un drame. J'ai appris à mettre en valeur ce que j'ai de beau et je me suis développé un style qui m'appartient. Dans la vie, il ne faut surtout pas se priver. Il faut accepter la réalité et être rusée. Sinon, tu deviens une victime. Mes trucs ? Je choisis des vêtements non structurés et des couleurs qui adoucissent ma silhouette comme les bruns, les verts et les orangés. Je remplace l'excès par la sobriété et l'élégance. »

D. **AUTOMNE**

Si vous avez répondu **D** à la plupart des questions, vous êtes dans la même famille que le B. Les couleurs aux reflets chauds et dorés vous attirent. Celles-ci sont riches, vives et prononcées comme le sont les feuilles d'automne. Votre carnation est pêche. Vos reflets sont chauds, orangés et cuivrés. Les couleurs de cette charte vous mettent en valeur.

LES 10 RÈGLES DE L'HARMONIE DES COULEURS

01

01. **Limitez à trois le nombre de couleurs dans vos tenues.** Vous créez ainsi une harmonie.

02

02 **Un imprimé comprend souvent plus de trois couleurs. Afin de créer un équilibre, misez sur la couleur plus accentuée pour compléter l'imprimé.** Ou reprenez simplement la couleur du fond de l'imprimé.

 Une veste noire complète une robe aux motifs multicolores sur un fond noir.

03

03. **Pour alléger la silhouette, il est préférable de porter des couleurs plus claires dans le haut du corps et plus foncées dans le bas plutôt que l'inverse.** Les teintes claires semblent visuellement plus légères que les foncées. De plus, elles apportent une magnifique lumière au visage.

04

04. **Les couleurs chaudes et vives – rouge, orange, fuchsia, jaune – émettent une vibration et sont synonymes d'énergie.** À porter les jours de pluie!

05

05. **L'éclat d'une couleur influence l'apparence des autres couleurs.**

EX. Un pantalon gris accompagné d'une blouse rose pâle peut sembler fade. Mais un pantalon blanc au côté de cette même blouse créera un ensemble lumineux.

06

06. **Une tenue composée de trois teintes en camaïeu est élégante et agréable à regarder.**

EX. Choisir un pantalon café assorti à une camisole ivoire superposée d'une veste sable.

07

07. **Les couleurs d'un tissu satiné ou brillant semblent toujours plus pâles, car la surface reflète la lumière.** À l'opposé, la couleur d'un tissu mat semble plus terne et foncée.

08

08. **Les verts près du visage (surtout s'ils sont brillants) accentuent les rougeurs des peaux couperosées.** De même, les tissus brillants intensifient les peaux grasses.

09

09. **Pour donner de la force à une tenue monochrome,** complétez-la par sa couleur complémentaire.

EX. Un tailleur bleu et une camisole orangée / une robe rouge et un sac à main vert.

10

10. **Voici les couleurs de base (neutres) s'accordant à la plupart des autres teintes:** noir, blanc, gris, beige, marine, brun, kaki.

LE POUVOIR DES COULEURS

Les couleurs parlent. En plus de révéler la personnalité, elles influencent le comportement et celui de l'entourage. Par leur éclat et luminosité, elles émettent des vibrations qui affectent nos états d'âme. Vous connaissez sans doute le concept de la psychologie des couleurs ? Il est grandement employé par les décorateurs. Peindre en bleu, par exemple, la chambre d'un enfant crée un environnement relaxant. Il en va de même avec les vêtements que vous portez.

01. BLANC

Il ouvre les esprits et appelle à la nouveauté. Il crée de la lumière qui éveille les regards.

02. BLEU MARINE

Il inspire la confiance, le respect et l'autorité. Il favorise le discernement.

03. BLEU PÂLE

Il crée de la douceur, calme ceux qui vous regardent et inspire la sagesse. Il aide à la concentration. C'est la couleur la plus photogénique (photo, télé, présentation en public).

04. BRUN

Il attire les confidences et démontre de la stabilité. Il ne dévoile aucune émotion.

05. CORAIL

Il crée de la joie autour de soi. Il dénote une vive intelligence. C'est la couleur «bonne mine» par excellence.

06. GRIS

Il est neutre parfois antipathique. Il démontre de la discrétion. Il a besoin d'une couleur pour lui donner vie.

07. JAUNE

Il donne de l'énergie positive, stimule la concentration et renforce le don de communication.

08. ORANGE

Il rend sympathique, canalise l'énergie positive et aide à atteindre vos buts.

09. ROSE

Il suscite la compassion et la tendresse. Il adoucit les autres couleurs. Une couleur anti-stress.

10. ROUGE

Il attire l'œil instantanément. Il donne de l'énergie positive et enraye la fatigue. Il agit comme un bouclier protecteur. Il fait face à l'action.

11. VERT

Il est calmant et suscite la perspicacité. Il invite à la communication.

12. VIOLET

Il est apaisant et stimule l'intuition, la créativité. Il démontre de la confiance.

13. NOIR

Il affiche la fermeté de vos convictions et marque l'autorité. Il dénote l'élégance et le raffinement. Il est chic, passe-partout et, de plus, amincit la silhouette. Quoi de mieux ?

Noir... danger !

Toutefois, le noir est hypocrite. D'une part, il confère une allure élégante et raffinée. De l'autre, il donne un air triste, parfois sévère. Il accentue même nos rides.

Sceptique ? Voyez comment votre visage se creuse lorsque vous enfilez un chandail noir. Parfois, c'est pour le mieux. Mais plus on avance en âge, plus le noir devient un ennemi.

Pour remédier à son effet éteignoir, évitez de le porter près du visage. Rompez plutôt son uniformité par un joli foulard ou un chemisier coloré. Votre teint s'illuminera illico. Vous pourrez ainsi tirer avantage des nombreuses qualités du noir, tout en neutralisant ses caprices.

QUI
ÊTES-VOUS?

Votre corps est unique. Il a ses qualités et ses défauts. Vous pouvez modifier sa forme à l'aide d'exercices et par une saine alimentation. Mais changer la structure de votre ossature est impossible. Vous êtes née ainsi. Rassurez-vous, même les plus célèbres mannequins ont des corps capricieux: épaules tombantes, jambes trop longues, bras trop fins. D'ailleurs, les magazines de mode faussent la réalité à force de retouches extrêmes. Apprenez à respecter vos limites et vos rondeurs; c'est la base de l'habillement.

Ce chapitre est sans doute l'un des plus importants. Car pour vous habiller avec succès, vous devez connaître votre corps. Comment? En visualisant votre silhouette. Pour vous aider à la concevoir, je fais appel à votre imagination. Je compare votre silhouette à la forme de lettres et non de fruits, comme certains le font. Se faire traiter de poire ou de pomme n'est pas très flatteur!

Ainsi, les lettres V-I-A-X-H-O caractérisent six morphologies typiques. Bien entendu, chaque corps est différent. Il a ses caprices. Il a son poids. Mais en étudiant ainsi votre morphologie, vous simplifierez votre vie! Fini les mauvais achats, les erreurs de coupes et les dépenses inutiles. Vous comprendrez comment éviter les faux pas afin de VOUS mettre en valeur.

NOTE *Si vous n'êtes pas familière avec le nom de certaines coupes ou vêtements, référez-vous au lexique visuel à la page 186.*

*Il n'existe que deux coupes
de vêtements dans la mode:
celle qui vous va,
et celle qui ne vous va pas.*

MON CORPS

Pour vous habiller avec succès, vous devez avant tout connaître votre corps. Et rien de mieux que de le mesurer pour en comprendre sa forme. Alors, au travail ! Ce qu'il faut : un ruban à mesurer, un crayon et un miroir. Pour plus de précision, demandez l'aide d'une amie. Et pas de tricherie s'il vous plaît !

01. ÉPAULES

Mesurez le tour de vos épaules en plaçant le ruban à leurs extrémités, comme si vous portiez un châle.

Mes épaules mesurent _____ cm/po.

02. POITRINE

Ici, j'ai besoin de deux mesures : premièrement, mesurez la taille de votre buste en plaçant le ruban au plus fort de vos seins. Puis, mesurez le tour de votre poitrine au niveau du torse sous la poitrine. Cette mesure vous servira pour déterminer la taille du soutien-gorge. (voir chapitre 8).

Mon buste mesure _____ cm/po.

Mon tour de poitrine mesure _____ cm/po.

03. TAILLE

Pour trouver l'emplacement de votre taille, pliez votre torse vers le côté. Il se forme alors un creux : c'est la ligne naturelle de votre taille. Mesurez-en le tour.

Ma taille mesure _____ cm/po.

04. VENTRE

Placez votre ruban au plus fort de votre ventre soit de 4 à 9 cm (2 à 4 pouces) plus bas que le nombril (regardez-vous de profil devant le miroir).

Le tour de mon ventre mesure _____ cm/po.

05. HANCHES

La mesure se prend sur la partie la plus forte de vos fesses ou de vos cuisses (regardez-vous devant le miroir de face, puis de profil).

Mes hanches mesurent _____ cm/po.

06. OSSATURE

Analysez votre structure osseuse. Êtes-vous délicate, standard ou forte ?

Mon ossature est _____.

Ma hauteur _____ cm/po.

Mon poids _____ cm/po.

QUELLE EST VOTRE FIGURE-TYPE ?

Analysez maintenant vos mesures. Comment ? Inscrivez-les dans le tableau et comparez-les. Ces descriptions vous serviront de guide afin de visualiser votre silhouette. Pensez que chaque corps est unique et capricieux. L'œil demeure votre meilleur juge.

ÉPAULES	TAILLE	HANCHES	POITRINE	VENTRE

Il se peut que vous hésitiez entre deux silhouettes. Prenons pour exemple le cas de Nathalie qui mesure 5 pi 6 po (169 cm). Son ossature est standard.

ÉPAULES	TAILLE	HANCHES	POITRINE	VENTRE
38 po (97 cm)	28 po (71 cm)	39 po (99 cm)	35 po (89 cm)	31 po (79 cm)

Vous remarquez que la taille de Nathalie est très marquée (elle a plus de 10 po/25 cm avec ses hanches). Elle a donc une silhouette X. Mais ses hanches sont légèrement plus larges que ses épaules. Elle a donc une tendance vers la silhouette A. Elle peut suivre les conseils vestimentaires des deux silhouettes.

Silhouette V Si vos épaules sont plus larges que vos hanches.

Silhouette I Si vos épaules et vos hanches ont la même mesure, votre taille est peu marquée (moins de 10 po/25 cm avec les hanches) et votre ossature est délicate.

Silhouette A Si vos hanches sont plus fortes que vos épaules.

Silhouette X Si vos épaules et vos hanches ont la même mesure et votre taille est très marquée (différence de 10 po/25 cm et plus avec vos hanches).

Silhouette H Si vos épaules et vos hanches ont la même mesure, votre taille est peu marquée (moins de 10 po avec les hanches) et votre ossature est standard ou forte.

Silhouette O Si dans l'ensemble, vous êtes bien enveloppée et votre ventre est presque aussi large que vos hanches.

Votre silhouette est de forme _____.

LES TAILLES COMMERCIALES

Avez-vous remarqué que la taille inscrite sur l'étiquette d'un vêtement varie d'une marque à une autre ?

Au Canada, il n'existe aucune loi sur l'étiquetage des textiles qui standardise les tailles des vêtements. L'établissement de grandeurs et la désignation de codes de tailles sont donc laissés à la discrétion des manufacturiers.

De plus, pour flatter les femmes, plusieurs d'entre eux utilisent des chiffres de plus en plus petits, allant jusqu'à la taille 0. Ne vous fiez donc plus à la taille d'un vêtement pour déterminer votre grandeur.

Vos
épaules
sont
plus larges
que vos
hanches

LA FEMME V

Plusieurs rêvent d'avoir votre silhouette! Vos épaules sont bien marquées et votre bassin est étroit. Vous êtes à l'image des sportives et des mannequins professionnels. C'est d'ailleurs sur ce type de morphologie que les designers conçoivent leurs vêtements: larges épaules et petites hanches.

Sur vos épaules, le vêtement tombe bien. Pas besoin d'ajouter des épaulettes. Chez vous, elles sont naturelles. Et parce que vos hanches sont étroites, vous vous glissez dans un jeans comme une main dans un gant. Et ce, peu importe votre grandeur (petite, moyenne ou grande) ou votre carrure (mince ou enveloppée).

Comme vos épaules attirent les regards vers le haut, vous semblez plus grande. Élancée aussi, car vos hanches ne forment pas de démarcations, créant ainsi l'illusion de jambes plus allongées. Si vous avez un ventre rebondi, référez-vous également à la fin de ce chapitre.

CE QUE VOUS DEVEZ FAIRE Pour mettre en valeur votre silhouette, vous devez minimiser la carrure des épaules en modelant le bas de votre corps. Ce détail équilibrera et valorisera vos épaules. Votre taille paraîtra ainsi plus mince.

FEMMES V CÉLÈBRES
Angelina Jolie, Sylvie Bernier, Marie-Chantal Toupin, Macha Grenon.

À ÉVITER

Vous avez de belles épaules. Montrez-les! Mais vous ne voulez pas avoir la carrure d'un joueur de football, n'est-ce pas? Pour cela, évitez de les accentuer. À bannir: tout ce qui forme une ligne horizontale au niveau de la poitrine et des épaules.

- Les vestons épaulés (épaulettes militaires et ajout d'épaulettes)
- Les blouses ou vestons à manches gigot
- Les encolures bateau
- Les chandails à rayures horizontales ou largement imprimés
- Les chandails de laine volumineux
- Les encolures largement ouvertes sur les épaules
- Les camisoles à fines bretelles
- Les robes bustier ligne droite
  (qui accentuent la ligne horizontale)
- Les jupes droites et longues
- Le sac à main surdimensionné, placé sous le bras
- Les leggings

TAILLE PETITE Un rien vous écrase! Pour contrer l'effet amenuisant d'un vêtement, évitez d'attirer l'attention sur vos épaules, dégagez plutôt votre cou.
TAILLE GRANDE Les revers de vos vestons peuvent accentuer la largeur de vos épaules. Méfiez-vous des vestons croisés.
TAILLE PLUS Oubliez les chandails à capuchon qui alourdissent le haut de votre corps. Dégagez votre cou par un chandail en V qui allongera votre silhouette.

À PRIVILÉGIER

La nature vous a gâtée. Profitez-en! Vous devez néanmoins tenter de balancer votre silhouette en arrondissant légèrement la courbe de vos hanches. N'ayez donc pas peur des pantalons blancs ou colorés et des jupes ballon. Votre taille semblera plus fine et vos épaules encore plus belles. Pour le haut de votre corps, restez simple en privilégiant les lignes arrondies ou les décolletés en V.

+ Les encolures en V, en U et asymétriques
+ Les chandails cache-cœur (qui avantagent la taille)
+ Les corsets
+ Les robes trapèze
+ Les jupes amples, plissées, ballon, à volants
+ Les mini-jupes ligne A
+ Les pantalons ou jupes imprimés et de couleurs vives ou claires, ajustés ou droits
+ Les pantalons ou jupes à taille basse
+ La ceinture sur les hanches (si vous n'avez pas de ventre)
+ Les poches au niveau des hanches
+ Les vestons dont la taille est cintrée

TRUC OPTIQUE Si vos épaules sont prononcées, évitez de porter une camisole à fines bretelles. Pourquoi? Parce que la bretelle n'est pas proportionnelle à la largeur de votre carrure. Trop fine, elle crée l'illusion d'une épaule très large.

TAILLE PETITE Pour allonger votre silhouette, portez un chandail décolleté en V en ton sur ton avec le bas. La couleur de vos chaussures doit s'apparenter à celle du collant et de la jupe.
TAILLE GRANDE À cause de votre grandeur, choisissez des imprimés de taille moyenne. Les pantalons de coupe masculine, palazzo et cargo sont pour vous.
TAILLE PLUS Vous avez de belles jambes Montrez-les! Évitez les pantalons larges. Préférez les coupes droites qui allongent votre silhouette.

Vos épaules
et hanches
ont la même
mesure, votre
taille est peu
marquée et
votre ossature
est délicate

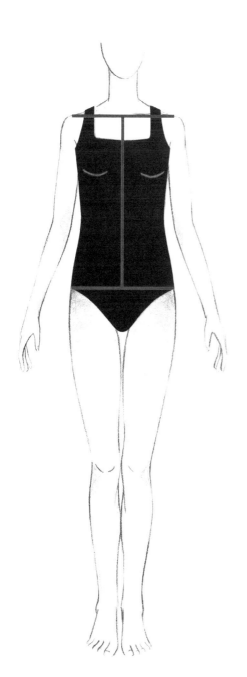

LA FEMME I

Souriez! Vous avez une belle silhouette longiligne. Votre ossature est délicate, parfois anguleuse, tandis que vos hanches et vos épaules sont équilibrées. Que vous soyez grande ou petite, généralement, tout vous va.

Vos jambes sont également fines et élancées, sans se démarquer des hanches. Un bémol: votre taille est peu marquée. Il se peut également que vous ayez une petite poitrine. Vous avez, ce qu'on appelle, la silhouette de la «garçonne», c'est-à-dire sans rondeur. Elle s'apparente d'ailleurs à la morphologie H. Vous êtes la candidate parfaite pour devenir mannequin: petite ossature et silhouette allongée.

Mais cette morphologie de rêve n'est pas toujours facile à habiller. Vous en savez quelque chose! Un vêtement mal adapté peut rapidement vous transformer en «petite misère». Voilà pourquoi vous devez choisir vos vêtements avec attention.

CE QUE VOUS DEVEZ FAIRE Pour vous mettre en valeur, vous devez féminiser votre silhouette. Comment? En cherchant les rondeurs. Plus vous accentuez vos épaules, poitrine et hanches, plus votre taille se creusera.

FEMMES I CÉLÈBRES
Twiggy, Linda Evangelista, Anne-Marie Cadieux, Nanette Workman.

À ÉVITER

Vous avez une belle silhouette longiligne, mettez-la en valeur. Mais parce que vos épaules, taille et hanches sont dans le même prolongement, vous devez éviter les coupes droites qui accentuent la ligne verticale. Pensez rondeur!

- Les formes trop cintrées qui soulignent l'absence de taille
- Les chandails coupés trop courts
- Les larges décolletés qui accentuent votre ossature anguleuse
- Les hauts fluides, largement évasés au collet
- Les longs manteaux droits
- Les tailleurs masculins
- Les chemisiers classiques
- Les jupes crayon longueur sous le genou
- Les robes droites et croisées
- Les tissus qui n'ont pas de corps
- Les emmanchures raglan
- Les pantalons palazzo (extrêmement larges)
- Les pantalons cigarette (extrêmement étroits)

TAILLE PETITE Vous êtes si petite que vous passez parfois pour une jeune adolescente! Respectez votre âge. Évitez également les vêtements sans forme qui accentuent votre minceur.
TAILLE GRANDE On vous surnomme la « grande échalote » ? N'accentuez pas votre grandeur par des robes droites sans personnalité. Modelez votre corps par des détails accrocheurs pour arrondir vos courbes.

À PRIVILÉGIER

La plupart des vêtements vous vont bien. Mais vous devez penser à étoffer votre silhouette par des matières enveloppantes et des coupes seyantes. Accentuez vos épaules et vos hanches. Si vous avez une petite poitrine, laissez-vous tenter par un soutien-gorge rembourré. Ces détails accentueront la finesse de votre taille.

+ Les jupes amples, ballon, circulaires
+ Les poches au niveau de la poitrine et des hanches
+ Les encolures bateau
+ Les décolletés en petit V, en U
+ Les tissus satinés et brillants (qui donnent de la rondeur)
+ Les tissus qui ont du corps
+ Les imprimés et les rayures diagonales
+ Les manches gigot et ballon
+ Les jupes ajustées, colorées et féminines
+ Les pantalons trompette, droits, ajustés et colorés
+ Les robes croisées qui s'attachent à la taille
+ Les chandails cache-cœur
+ Les cardigans portés ouverts
+ Les vestons épaulés et cintrés à la taille
+ La ceinture à la taille

TRUC OPTIQUE Les imprimés n'ont pas leur pareil pour arrondir une silhouette. Recherchez les motifs à trois couleurs qui créent une perspective (voir la section « Les imprimés », chapitre 1). Pensez que les tissus satinés et brillants captent la lumière et bombent également les volumes. À privilégier !

TAILLE PETITE La longueur au-dessus du genou vous convient parfaitement. Pas plus bas. Pensez également à moduler votre silhouette par des coupes en rondeurs : jupe ballon, robe empire.
TAILLE GRANDE Vous êtes grande et mince, profitez-en ! Recherchez les matières fluides comme la soie, le jersey ou le chiffon qui ondulent à chacun de vos pas.

Vos hanches
sont
plus fortes
que
vos épaules

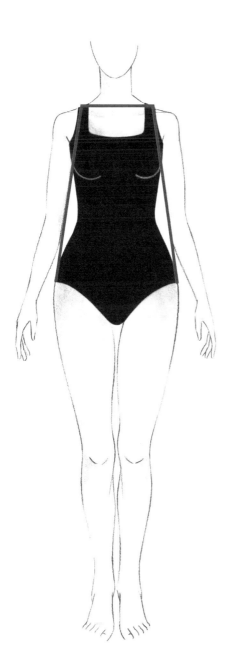

LA FEMME A

La nature vous a gratifié de rondeurs féminines qui, à une certaine époque, étaient un gage de fertilité. Soyez-en fière! Les courbes de vos hanches peuvent d'ailleurs devenir un atout si vous savez comment les mettre en valeur.

En plus de ces hanches généreuses, votre cage thoracique est étroite, ce qui affine votre taille. Vous semblez ainsi plus grande et plus élancée. Remarquez également comment vos épaules, clavicules et décolletés sont magnifiques. Pourquoi les cacher? Si vous avez une petite poitrine, ayez recours aux soutiens-gorge préformés et à balconnets. Si, au contraire, vous excellez de ce côté, profitez-en pour le faire valoir, tout en restant élégante, cela va de soi!

Il se peut que ces rondeurs aux hanches soient la conséquence d'un excès d'hormones, d'émotions, de gourmandises. Un petit ventre accompagne parfois ces indésirables. Pas de soucis! Suivez les mêmes conseils. Néanmoins, vous pouvez aussi consulter la silhouette O pour trouver d'autres bons trucs. Comme je l'ai dit plus tôt, votre corps est unique. Il se peut que vous soyez un mélange de quelques lettres.

CE QUE VOUS DEVEZ FAIRE Pour mettre en valeur votre silhouette, vous devez balancer le bas de votre corps, en accentuant sa partie supérieure. L'attrait de vos épaules et de votre poitrine en sera rehaussé.

FEMMES A CÉLÈBRES
Jennifer Lopez, Monica Belluci, Julia Roberts, Ima.

À ÉVITER

Votre poids se concentre dans la partie inférieure de votre corps. Tout ce qui ajoute de l'ampleur ou attire l'attention aux hanches est donc à proscrire. La ceinture d'un jeans à taille basse les accentuera par exemple. Pensez également que vos chandails et vestons doivent s'arrêter, soit plus bas, soit plus haut que vos hanches.

- Les hauts très moulants
- Le duo pantalon et chandail ajusté
- Les pantalons à pinces et poches cargo
- Les chaussures avec lanières à la cheville, car elles coupent la jambe et alourdissent le bas du corps
- Les jupes plissées et à volants
- Les robes moulantes
- Les tissus satinés pour le bas du corps
- Les tissus fins et extensibles
- Les pantalons taillés dans un tissu texturé
- Les imprimés (seulement pour le bas)
- Les manches raglan
- Les chaussures massives

TAILLE PETITE Parce que vous n'êtes pas grande, oubliez les jupes plissées et à volants qui accentuent la largeur de vos hanches. Surtout si elles sont longues. Préférez les lignes A, trompette et à godets. Elles vous allongeront.
TAILLE GRANDE Accentuez vos épaules en dénudant votre cou. Évitez les cols roulés qui forment une masse.
TAILLE PLUS Les pantalons de couleurs pâles maximisent le tour des hanches. À éviter. De même que les pantalons cargo. Misez plutôt sur un pantalon droit, sans plis et sans poches au devant.

À PRIVILÉGIER

Votre consigne? Misez sur le haut! Que ce soit par une couleur contrastante, un imprimé excentrique, un collier audacieux ou un élégant décolleté. Au bas, atténuez les rondeurs de vos hanches par des couleurs sombres, monochromes, ni lustrées, ni texturées. Par exemple: un corsage ivoire superposé d'un cardigan marine sur un pantalon marine. Si vous avez des problèmes d'ajustement au niveau de la taille, passez chez la couturière. Reprendre quelques pinces ici et là est un jeu d'enfant. Et cela fait toute la différence!

+ Les jupes ligne A, trompette ou à godets
+ Les robes à taille empire
+ Les robes trapèze
+ Les encolures bateau
+ Les décolletés largement en U et en V
+ Les pantalons droits ou semi-évasés, sans plis
  ni poches latérales ou sans détails au niveau des hanches
+ Les vestons épaulés, coupés au-dessus ou sous la hanche
+ Les tuniques portées avec un pantalon droit
+ Les chaussures à talons mi-hauts
+ Les colliers au cou
+ Les sacs à main portés sous le bras et non au niveau du bassin

TRUC OPTIQUE Un pantalon dont la coupe est légèrement évasée dans le bas de la jambe (trompette, boot-cut) est idéal pour équilibrer la silhouette A. La largeur de la jambe balance ainsi la largeur des hanches.

De même pour le haut: Un chandail largement décolleté aux épaules donne l'illusion d'épaules plus larges, ce qui équilibre la rondeur des hanches.

TAILLE PETITE Les robes à taille empire vous avantagent, car elles créent l'illusion de longues jambes.

TAILLE GRANDE Jouez les superpositions. Vous êtes grande et pouvez vous le permettre: choisissez un haut imprimé superposé d'une redingote sur un pantalon droit.

TAILLE PLUS Recherchez l'allure bohémienne: tunique imprimée et colorée sur un pantalon droit. En plus d'allonger votre silhouette, la longueur de la tunique minimisera l'impact de vos hanches. N'oubliez pas les bijoux!

Vos épaules et hanches ont la même mesure et votre taille est très marquée

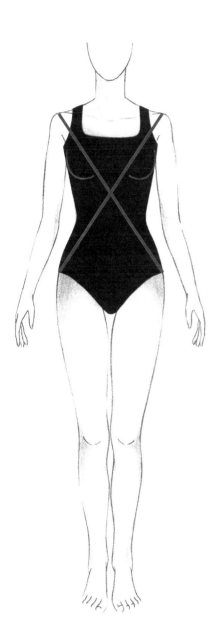

LA FEMME X

Vous avez tout pour vous. Une largeur d'épaules proportionnelle à celle des hanches et une taille bien marquée. L'idéal féminin quoi! Peu importe que vous soyez petite, élancée, grande ou enveloppée, vos courbes s'équilibrent et votre masse corporelle est bien balancée. Il ne faut donc pas briser cette harmonie.

Grâce à votre taille creuse et vos magnifiques épaules, vous pouvez presque tout vous permettre. Et parce que la courbe de vos hanches est dans le même alignement que celle de vos épaules, vous pouvez porter des vêtements cintrés qui glorifient votre silhouette.

Il se peut néanmoins que votre silhouette se module au fil des mois et des années. Et que s'ajoutent un peu de poids et de rondeurs indésirables. Pas de panique! La nature vous a dotée d'une structure équilibrée: à vous de la mettre en valeur. Pour tous les petits caprices du corps, vous trouverez à la fin de ce chapitre quelques bons trucs pour minimiser leur impact. À vous de les faire vôtres.

CE QUE VOUS DEVEZ FAIRE Vous avez la chance d'avoir une très belle silhouette. Vous devez néanmoins ne pas défaire cet équilibre. Comment ? En respectant les longueurs et les largeurs de votre corps.

FEMMES X CÉLÈBRES
Jessica Simpson, Halle Berry, Marylin Monroe, Lucie Laurier.

À ÉVITER

Fuyez les vêtements amples des pieds à la tête. Vos proportions sont équilibrées, pourquoi les cacher? En dissimulant ainsi votre corps, vous écrasez votre silhouette, ajoutez du poids au bassin, coupez la longueur de vos jambes. Pour vous mettre en valeur, pensez plutôt à souligner soit votre taille, soit vos jambes, soit vos bras ou votre torse.

- Les vestons carrés
- Les robes chasubles
- Les jupes circulaires coupées sous le genou
- Les caftans
- Les manches raglan
- Les escarpins massifs sans personnalité
- Les pantalons sarouel
  (à moins de les coordonner adéquatement)
- Les imprimés massifs de couleurs vives

TAILLE PETITE Pour ne pas écraser votre silhouette, évitez les manteaux longs et droits. Misez plutôt sur une coupe cintrée, coupée au-dessus du genou.
TAILLE GRANDE Ne déséquilibrez pas les proportions entre votre torse et vos jambes. Si celles-ci sont très longues, évitez les tailles hautes et les pantalons larges.
TAILLE PLUS Pour allonger et alléger vos jambes, évitez les lanières qui entourent les chevilles. Préférez les bas de nylon non lustrés, semi-opaques ou diaphanes. Pas de collant.

À PRIVILÉGIER

Une taille bien marquée avantage votre silhouette. Misez donc sur des vêtements cintrés et ceinturés. Les matières fluides qui épousent et ondulent aux mouvements de votre corps sont également pour vous. Privilégiez l'équilibre entre la carrure de vos épaules et la largeur de vos hanches.

+ Les chandails cache-cœur
+ Les décolletés en V et en U
+ Les cols tailleurs
+ Les vestons cintrés, épaules naturelles
+ Les vestes sahariennes
+ Les blouses de soie
+ Les jupes évasées ou drapées
+ Les jupes droites
+ Les robes cintrées qui épousent votre silhouette
+ Les robes chemisiers ou croisées
+ Les manteaux trenchs
+ Les redingotes
+ Les bustiers et corsets

TRUC OPTIQUE Ne négligez pas l'importance de la forme d'un col de chemise. Les cols tailleurs, par exemple, sont plus avantageux que les cols chemisiers. Pourquoi ? L'ouverture en V, créée par le col, dégage le cou, donnant ainsi l'illusion d'allonger la silhouette.

TAILLE PETITE Pour allonger votre silhouette, oubliez les vestons classiques. Misez plutôt sur une coupe cintrée, qui se termine au-dessus des hanches.
TAILLE GRANDE À cause de votre grandeur, vous êtes avantagée par les accessoires imposants. Profitez-en pour les faire valoir : colliers de billes colorées, longs pendentifs, pendants d'oreilles, sac à main surdimensionné, larges ceintures.
TAILLE PLUS Vous avez de belles rondeurs. Ne les camouflez pas sous un amas de vêtements. Pour amincir votre silhouette, portez un haut ajusté sur un pantalon droit, superposé d'une veste ample. L'effet sera des plus flatteurs.

Vos épaules
et vos hanches
ont la même mesure,
votre taille est
peu marquée
et votre ossature
est standard
ou forte

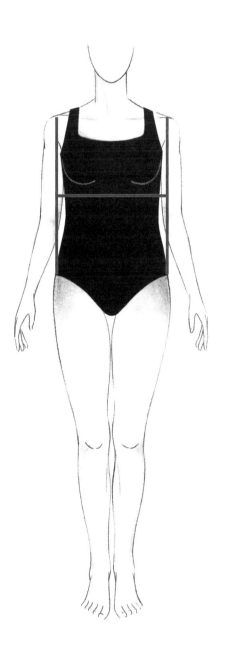

LA FEMME H

Réjouissez-vous! Votre silhouette H est facilement habillable pour peu que l'on comprenne sa forme. D'abord, vous avez de magnifiques épaules. Puis, votre bassin est dans le même alignement que celles-ci. C'est parfait! Vous devez donc maintenir cet équilibre en essayant de creuser votre taille.

La femme H se caractérise couramment par une généreuse poitrine. Est-ce votre cas? Si oui... pensez à la mettre en valeur en portant un soutien-gorge adéquat. En définissant ainsi la rondeur de vos seins, votre taille paraîtra plus fine. Sinon, dégagez votre cou en portant un joli décolleté en V. L'ouverture allongera votre silhouette tout en accentuant votre poitrine.

Et si la maternité, la ménopause (ou la gourmandise!) vous ont gratifié d'un épaississement de la taille, ne paniquez pas. En attirant les regards vers vos épaules, vous affinerez votre silhouette. Puis, en créant l'illusion d'une taille — en cintrant la taille ou les hanches selon vos proportions —, vous contrerez l'effet de rondeur.

Remarquez que votre silhouette s'apparente à celle de la femme I. La différence: votre structure d'ossature est plus forte. N'hésitez pas à consulter sa description. Il se peut également que vous soyez plus enrobée. Dans ce cas, reportez-vous aussi aux silhouettes qui vous complètent.

FEMMES H CÉLÈBRES
Demi Moore, Juliette Binoche, Ariane Moffatt.

À ÉVITER

Parce que votre taille n'est pas très définie, votre silhouette peut manquer de féminité. Évitez donc toutes les lignes qui accentuent sa forme rectangulaire. Jouez l'illusion d'optique en recherchant plutôt les coupes féminines tout en rondeur: volants, effet ballon, drapé (voir la liste plus bas). Aussi, pensez à donner de la rondeur à vos fesses et à vos hanches. Les jeans avec poches arrière à bouton par exemple sont tout indiqués à votre silhouette.

- Les robes droites ajustées
- Les robes très amples, sans forme
- Les chemisiers classiques
- Les cols tailleurs
- Les décolletés carrés
- Les jupes droites associées à un haut ajusté
- Les pantalons droits sans détails ni poches
- Les vestons carrés de style Chanel
- Les manteaux droits
- Les robes et jupes qui descendent sous les genoux
- Les chaussures à bout carré
- Les tissus délicats et sans maintien
- Les tissus rigides
- Les sacs à main de formes carrées
- Les colliers au cou

TAILLE PETITE Évitez les pantalons larges (coupe palazzo). Ceux-ci vous écrasent et accentuent votre silhouette H. Préférez les coupes droites ou légèrement évasées vers le bas.
TAILLE GRANDE Les manteaux longs et droits accentuent la forme rectangulaire de votre silhouette. Recherchez plutôt les coupes cintrées à la taille, mais sans ceinture (coupe princesse).
TAILLE PLUS Évitez les escarpins à talons aiguilles (stiletto). Préférez les chaussures délicates et effilées dont le talon est robuste (carré, arrondi, compensé). Ce détail équilibrera votre silhouette.

À PRIVILÉGIER

Pour avantager votre silhouette, mieux vaut parfois descendre la ceinture de quelques centimètres sous la taille. En cintrant ainsi les hanches et en abaissant la boucle de la ceinture vers le bas, vous créez une illusion d'optique qui creuse votre taille. Vous pouvez également faire appel à une couturière pour façonner blouses et vestons à votre corps. L'ajout de pinces au dos et au devant du vêtement fait souvent la différence.

+ Les robes et corsages croisés qui se nouent à la taille
+ Les robes empire
+ Les coupes en biais
+ Les coupes princesse
+ Les corsets qui creusent la taille
+ Les pantalons évasés vers le bas
+ Les ceintures à la taille ou à la hanche
+ Les jupes évasées qui ont un mouvement
+ Les vestons ajustés qui descendent
+ Les poches sur la poitrine
+ Les imprimés
+ Les sacs à main de formes arrondies

TRUC OPTIQUE L'œil est toujours attiré vers la peau nue. Vous avez de belles jambes ? Vous êtes fière de vos bras ? Dénudez-les. Dirigez les regards là où vous le désirez... tout en restant élégante, cela va de soi !

Dans l'ensemble, vous êtes bien enveloppée et votre ventre est presque aussi large que vos hanches

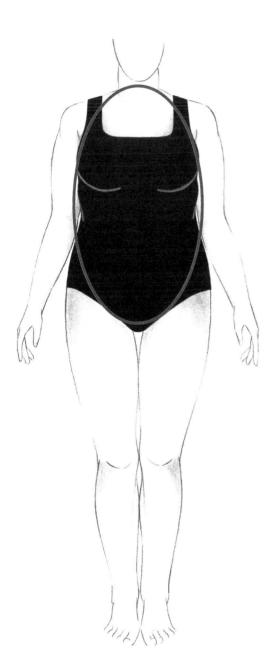

LA FEMME O

Ne vous le cachez pas… vous avez des rondeurs féminines. Malgré cela, vous êtes aussi facile à habiller qu'une autre. Croyez-moi. Votre corps a de nombreux atouts. Mais il a également des caprices, comme celui de toutes les femmes. Par conséquent, mettre en valeur ces forces qui vous rendent belle est la clé de votre réussite vestimentaire.

Pour y arriver, mettez-vous d'abord dans la peau d'une styliste et regardez-vous. Vos épaules sont joliment arrondies, n'est-ce pas? Sans parler de votre décolleté ravageur! Et vos jambes: le mollet est-il bien galbé? En analysant ainsi votre silhouette, vous découvrirez les parties de votre corps que vous devez mettre de l'avant.

Puis, misez sur votre style. «Les vêtements conçus pour ma taille ne sont pas à la hauteur de mes attentes», me direz-vous. Voyez au-delà des tendances. Pensez que les vêtements sont à votre service, et non le contraire. Ils sont également le canevas de votre personnalité. Alors, profitez de leur pouvoir d'abstraction et de séduction pour vous valoriser.

Si vous désirez perdre du poids, ne remettez pas à plus tard l'élaboration de votre nouveau style. Plusieurs négligent leur habillement dans l'attente de jours meilleurs. Erreur! C'est en vous sentant belle, attirante et confiante dès aujourd'hui que vous réussirez à vous prendre en main.

Go! Il est temps de créer votre propre mode!

CE QUE VOUS DEVEZ FAIRE Pour vous mettre en valeur, vous devez équilibrer les proportions de vos vêtements et diriger les regards vers le haut de votre corps. Vous semblerez alors plus élancée, tandis que la perspective créée par vos vêtements affinera votre silhouette.

FEMMES O CÉLÈBRES
Roseanne, Kathy Bates, Sonia Vachon, Lise Dion.

À ÉVITER

Cacher ses rondeurs sous un vêtement est une erreur. Cela ne fait qu'alourdir la silhouette. En voulant tout dissimuler, vous soustrayez aux regards certains de vos plus beaux atouts: épaules arrondies, belle poitrine, courbes féminines. Vous devez:

01. Choisir des vêtements à votre taille, près du corps et surtout, non moulants (un vêtement moulant ne fait qu'amplifier les rondeurs). Faites appel à une couturière pour les ajustements.

02. Équilibrer les proportions des vêtements en jouant les contrastes «amples et ajustés». Ainsi, en superposant un vêtement ajusté à une autre de coupe ample, vous esquissez votre silhouette, tout en camouflant certains caprices du corps. Exemple: une camisole près du corps, portée sous une veste ample non boutonnée, coordonnée à un pantalon droit.

- Les robes droites et ajustées
- Les jupes amplement plissées (bohémiennes)
- Les pantalons taille basse qui font ressortir les bourrelets
- Les pantalons à poches latérales
- Le veston croisé
- Le col chemisier
- Les motifs à pois, petits et répétitifs
- Les carreaux et larges rayures
- Les tissus brillants (satin, soie, velours)
- Les tissus extensibles qui moulent le corps
- Les collants brillants, colorés et à motifs (dentelles, imprimés, larges résilles)

TAILLE PETITE À l'achat de vestes ou de blouses, vous hésitez entre deux tailles? Assurez-vous que le vêtement habille correctement les épaules. Une couturière peut facilement et à peu de frais faire quelques ajustements à la partie centrale du vêtement. Sinon, laissez pendre un joli foulard pour combler l'espace créé entre votre corps et le vêtement.

TAILLE GRANDE Évitez les pantalons qui ont des détails au niveau des hanches et des fesses. Choisissez une coupe simple, avec fermoir sur le côté. Vous pourrez ainsi superposer chandails et tuniques, sans démarcations apparentes.

À PRIVILÉGIER

Le noir et les couleurs sombres amincissent. C'est connu! Néanmoins, ne négligez pas le blanc et les couleurs claires. Portez-les en camaïeu (une tenue composée de différents beiges par exemple). Ils donneront de l'éclat et de l'élégance à votre silhouette. Et si vous optez pour une tenue monochrome, égayez-la de quelques touches de couleurs vives (foulards, colliers, chaussures). Et pourquoi ne pas vous éclater en portant un imprimé audacieux ou une couleur vive? Un peu de folie... c'est bon pour le moral!

+ Les robes et corsages croisés qui se nouent à la taille
+ Les robes empire
+ Les coupes en biais
+ Les coupes princesse
+ Les corsets qui creusent la taille
+ Les pantalons évasés vers le bas
+ Les ceintures à la taille ou à la hanche
+ Les jupes évasées qui ont un mouvement
+ Les vestons ajustés qui descendent
+ Les poches sur la poitrine
+ Les imprimés
+ Les sacs à main de formes arrondies

TRUC OPTIQUE Choisissez des accessoires proportionnés à votre grandeur : grand sac à main, colliers spectaculaires, large ceinture. Une chaîne délicate au poignet accentuera votre corpulence alors qu'un large bracelet l'amincira.

TAILLE PETITE Privilégiez les encolures qui dégagent le cou. Et si vous avez un double menton, évitez les chandails à col drapé qui accentuent l'effet tombant de votre menton.
TAILLE GRANDE Investissez sur de bons soutiens-gorge. Votre poitrine est l'un de vos plus beaux atouts. Mettez-la en valeur, tout en restant chic.

LES CAPRICES DU CORPS

O1. ÉPAULES ÉTROITES

Structurez vos épaules afin d'équilibrer la largeur avec celle de vos hanches.

À ÉVITER
- Les manches raglan, tombantes
- Les larges emmanchures
- Les encolures au cou (t-shirt classique)

À PRIVILÉGIER
+ L'ajout d'épaulettes
+ Les détails d'empiècement sur les épaules
+ Les encolures bateau et largement ouvertes sur les épaules
+ Les manches ballon et tailleur
+ Les corsages à emmanchure américaine

TRUC Pour donner de l'importance aux épaules, drapez- les d'un foulard coloré.

O2. ÉPAULES LARGES

Vous devez adoucir la ligne de vos épaules sans la masquer.

À ÉVITER
- Les épaulettes et détails aux épaules
- Les encolures largement ouvertes sur les épaules
- Les vestes et manteaux croisés
- Les manches ballon
- Les bretelles étroites

À PRIVILÉGIER
+ Les décolletés en V et en U
+ Les hauts de couleurs monochromes
+ Les manches raglan et marteau
+ Les corsages sans manches

TRUC Troquez la veste tailleur épaulée contre un joli cardigan de laine cachemire. Sa ligne souple et non structurée allégera votre silhouette.

03. POITRINE GÉNÉREUSE

Allongez votre cou et votre torse sans cacher vos
rondeurs féminines.

À ÉVITER
- Les larges ceintures qui coupent le torse
- Les détails et les poches à la hauteur de la poitrine
- Les chandails à col roulé
- Les t-shirts et corsages fermés qui montent au cou
- Les chemisiers aux larges motifs
- Les robes empire

À PRIVILÉGIER
+ Les soutiens-gorge adéquats
+ Les décolletés en V et en U
+ Les vestes ajustées qui cintrent la taille
+ Les robes croisées et chandails cache-cœur

TRUC Les chandails sans forme et les robes amples
peuvent alourdir votre silhouette (exemple : femme enceinte).
Selon votre morphologie, pensez à souligner votre taille
ou vos hanches.

04. PETITE POITRINE

Essayez de donner de la rondeur à la poitrine.
Ce détail affinera votre taille.

À ÉVITER
- Les soutiens-gorge sans armatures
- Les hauts volumineux non structurés
- Les vêtements préformés que vous ne remplissez pas

À PRIVILÉGIER
+ Les soutiens-gorge préformés (effet galbé)
+ Les détails, motifs, boutons et poches à la hauteur de la poitrine
+ Les corsages et vestes ajustés
+ Les hauts colorés et imprimés
+ Les robes croisées, empire, chemisier

TRUC En accentuant la carrure de vos épaules, vous
dirigez les regards vers le haut et soulignez par le fait même
la présence de votre poitrine.

LES CAPRICES
DU CORPS
(SUITE)

05. BRAS LOURDS

Cherchez à amincir et à allonger vos bras.

À ÉVITER
- Les chandails moulants qui accentuent la largeur des bras
- Les manches courtes
- Les corsages sans manches
- Les montres et bracelets délicats

À PRIVILÉGIER
+ Les manches droites, non moulantes et fermées au poignet
+ Les manches qui attirent l'attention vers le poignet et allègent les épaules
+ Les hauts de couleurs monochromes
+ Les manches kimono
+ Les larges bracelets qui décorent le poignet

TRUC Minimisez la présence de vos bras en attirant les regards vers votre torse : décolleté en V, joli collier (pendentif), foulard cravate, gilet de couleur contrastée.

06. VENTRE ROND

Allongez la silhouette en attirant les regards vers le haut de votre corps.

À ÉVITER
- Tout ce qui est moulant
- Les chandails trop courts et les pantalons taille basse
- Les détails à la hauteur du ventre et des hanches (ceintures, poches, surplus de tissus)

À PRIVILÉGIER
+ Les tuniques, blouses et chandails qui couvrent le ventre
+ Les robes et corsages empire
+ Les ensembles monochromes
+ Les imprimés en diagonale
+ Les drapés (non moulants)
+ Les pantalons sans plis et sans détails aux hanches
+ Les jeans extensibles

TRUC Les nouveaux sous-vêtements issus des dernières technologies textiles sont confortables et spécialement conçus pour affiner la région abdominale : gaine sans couture, bas collants sans démarcations, culottes préformées... Pourquoi s'en passer ?

07. **TORSE LONG** & **COURTES JAMBES**

Cherchez à allonger vos jambes tout en définissant la ligne de votre taille.

À ÉVITER

- Tout ce qui coupe la longueur de vos jambes (capri, bermuda)
- Quoi que ce soit qui ceinture vos hanches
- Les leggings qui coupent la jambe

À PRIVILÉGIER

+ Les mini-jupes (si votre silhouette le permet)
+ Les souliers en ton sur ton avec la couleur de vos jupes, collants et pantalons.
+ Les collants noirs opaques assortis à une tunique.
+ Les pantalons droits
+ Les robes empire et ceinturées à la taille

TRUC Ne coupez pas trop court l'ourlet de vos pantalons. Au contraire, portez-les longs (sans coffre) avec une chaussure à talon haut (minimum 4 cm - 1$^{1/2}$ po).

08. **JAMBES LOURDES**

Allongez la silhouette en accentuant la carrure des épaules pour équilibrer le haut et le bas du corps.

À ÉVITER

- Les tissus lustrés et brillants
- Les collants satinés, imprimés, texturés et colorés
- Les tissus légers et moulants
- Les pantalons blancs et de couleurs claires

À PRIVILÉGIER

+ Les jupes qui ont du mouvement (trompette, ligne A)
+ Les tissus mats et qui ont du maintien
+ Les collants mats, opaques et semi-opaques
+ Les hauts colorés et imprimés

TRUC Assurez-vous que la grandeur des poches arrière de vos jeans soit proportionnelle à la largeur de vos fesses. Si elles sont trop petites, elles élargiront votre fessier.

CANONS DE BEAUTÉ

Les normes de beauté évoluent selon les époques. Dans les années cinquante, on disait que Marilyn Monroe avait un corps parfait. Du haut de ses 5 pi 3 po (1,61 cm), elle avait ces mensurations : poitrine 36, taille 24 et hanches 36 po (92 - 61 - 92 cm).

De nos jours, on admire la taille élancée des mannequins que l'on voit dans les magazines de mode. Elles mesurent au moins 5 pi 9 po (1,75 cm) et présentent les mensurations suivantes : 32 po - 24 po - 34 po (82 - 61 - 87 cm).

Doit-on se comparer à ces critères de beauté ?

BELLE
À TOUT ÂGE

Se faire belle et se sentir belle : il n'y a pas d'âge pour ça. Mais la limite est mince entre ce qui est convenable et déplacé lorsqu'on parle d'habillement. Que l'on ait 16 ou 76 ans, les mêmes questions nous tourmentent : est-ce que cette tenue est appropriée à mon âge ? Fait-elle vieux jeu ou me déguise-t-elle en victime de mode ?

Oubliez votre âge. Tout est permis pourvu que vous respectiez votre silhouette et assumiez ce que vous portez. Seule la façon d'agencer le vêtement variera d'un âge à un autre. Car le style n'a pas d'âge. Ainsi, avant d'enfiler une mini-jupe, une robe noire ou un corsage décolleté, demandez-vous : est-ce que cette coupe m'avantage ? Est-ce que j'accepte de montrer ce bras mou ou ces quelques bourrelets ? Me donne-t-elle un air sévère ? Si vous hésitez, il se peut que ce vêtement ne soit pas (ou plus) adapté pour vous. Faites-en votre deuil et trouvez la version qui vous convient. Être élégante et actuelle : voilà la façon de s'habiller.

Ne pensez plus à vouloir « faire jeune » ! Soyez de votre temps. Et ce, peu importe votre âge. J'admire autant une fille de 20 ans qu'une dame de 70 ans qui portent une chemise blanche, un jeans et des chaussures rouges. C'est simple et stylisé. Chacune l'adapte toutefois à sa réalité : ligne cintrée et talons hauts pour l'une ; coupe droite et ballerines pour l'autre.

Pourquoi se limiter ? Chaque âge a ses beautés.

La beauté d'une femme
ne se reconnaît ni à ses traits,
ni à son âge, mais plutôt
à son style personnel,
dit Max Azria.

LA MODE
D'**IZABELLE DESJARDINS**,
ANIMATRICE TÉLÉ

« Mon style ? C'est un mélange de tout !
À l'école, je n'ai jamais été dans aucune
gang. Je m'adaptais plutôt à la mode
de chacun : *punk, nerds, hippie, skate*.
J'ai donc de tout dans ma garde-robe.
Mais oubliez le chic! Ça me prend une note
rebelle qui déménage. Un truc pour
trouver son look : sortir de sa zone
de confort. Ce que l'ami porte n'est pas
nécessairement beau sur soi. Parfois, il faut
aller à l'encontre de son style pour
finalement trouver le sien. »

20

OSEZ !

VOTRE BUT Découvrir votre style selon vos idéaux, en osant expérimenter les différentes tendances du moment.

20 ANS ET MOINS C'est l'âge de la découverte et des expériences vestimentaires. Vous êtes jeune et tout vous est possible, tant que vous honorez les lignes de votre corps. Apprenez à jouer avec les vêtements : superposez-les, mélangez les couleurs, risquez les imprimés.

Et jazzez le tout d'accessoires. Ceux-ci n'ont pas leur pareil pour donner du style à une tenue. Ne l'oubliez jamais. En expérimentant ainsi diverses combinaisons, vous découvrirez ce qui vous met en valeur. Et très vite, votre style personnel se développera.

Pour vous aider à le concevoir, branchez-vous à l'heure des dernières tendances. Suivez votre instinct. Soyez curieuse. Remarquez ce qui se porte

> *" La mode est ce que l'on porte. Ce qui est démodé, c'est ce que portent les autres. "*
> — OSCAR WILDE —

ici et à l'étranger. Sur le web, visitez les différents sites consacrés à la mode. Visionnez les défilés de mode des grands designers. Sans les copier, ni les envier, laissez-vous influencer par leurs créations. Les boutiques à la mode s'en inspirent. Pourquoi pas vous ?

De ces observations, soyez audacieuse et imaginative. Brisez les codes établis et amusez-vous à les mélanger, tout en restant de bon goût. Et surtout, prenez position. Vous avez des convictions écologiques ou sociales ? Montrez-les ! Vous êtes plutôt fifille, glamour ou athlétique ? Votre image se veut le reflet de votre style de vie. C'est le message de la mode d'aujourd'hui.

Votre mode est sans limites. Osez !

Trucs de style

- **Oubliez les ensembles** et mélangez les styles : choisissez un corsage de dentelle superposée d'une veste de denim, portés sur une mini-jupe et des bottes de cowboy.
- **Ne vous limitez pas aux saisons**. Portez une camisole d'été sous un cardigan de laine, par exemple. Ou des bottes avec une robe légère.
- **Ne craignez pas les longueurs disparates et les superpositions**. Cette façon de faire crée du style (associez une tunique et un blouson de cuir que vous porterez sur un jeans).
- **Abusez des accessoires**. Ils donnent du style.
- **Recherchez les imprimés et les couleurs**. Ils donnent du caractère à la silhouette.
- **Prenez position**. Votre look doit refléter votre façon de vivre : écologique, athlétique, gothique, glamour...

LA MODE DE
MARILOUP WOLFE,
COMÉDIENNE
ET RÉALISATRICE

« J'aime la mode, même si je ne suis
pas à l'affût des dernières tendances.
Ma démarche est personnelle. Je bâtis
mon look à partir d'éléments coup de
cœur trouvés un peu partout.
Mon style ? Il est polyvalent et s'adapte
à mes émotions du moment. Si, un matin,
j'ai envie de porter telle chaussure,
j'élabore mon style en fonction de celle-ci.
Mon conseil : oser porter les trucs
que l'on aime et ne pas penser
à ce que les autres en penseront ! »

AFFIRMEZ
VOTRE STYLE

VOTRE BUT Assumer votre style
et le peaufiner pour qu'il évolue selon
vos nouvelles responsabilités.

<u>30 ANS</u> «C'est à 30 ans que les femmes sont belles», chante Jean-Pierre Ferland. La trentaine est synonyme de responsabilités. Certaines deviennent mères, d'autres font carrière ou les deux. Malgré cela, il ne faut pas négliger son style vestimentaire. Vous êtes jeune, séduisante et débordante d'énergie. Votre style doit le refléter. Et si vous avez des convictions sociales ou environnementales ? Montrez-les ! Votre look se confirme. Les expérimentations de vos 20 ans vous servent de guide. À vous de les perfectionner ! Mais avant, débarrassez-vous des vestiges de votre adolescence. Il est temps d'évoluer ! Vous êtes athlétique et n'avez jamais porté de robes féminines ? Osez ! N'attendez pas d'être trop vieille pour vous dévoiler. Affirmez-vous.

> « *La mode n'est ni morale, ni amorale, mais elle est faite pour remonter le moral.* »
> — KARL LAGERFELD —

Restez créative et greffez à votre garde-robe des tailleurs, jupes et pantalons bien coupés. C'est le moment de bâtir votre garde-robe de vêtements de qualité. À ces éléments de base, agencez des pièces du dernier cri, trouvées dans les petites boutiques à la mode. Vous pouvez encore vous permettre le vestiaire de la jeune femme. Recherchez les coupes modernes d'une jupe ballon par exemple ou laissez-vous séduire par l'élégance des années 50. La mode rétro est tout indiqué pour votre groupe d'âge. Elle est élégante et féminine.

Surtout, n'oubliez pas de compléter vos tenues d'accessoires vedettes. Ils sont votre bouée de sauvetage pour les pannes de style.

Trucs de style

- **Mélangez les styles classiques et d'avant-garde**. Sur un jeans foncé, par exemple, portez un chemisier coloré fait de soie, superposé d'une veste tailleur ceinturée d'un ruban.
- **Soyez audacieuse**. Si votre tenue est trop simple, jazzez-la en lui ajoutant un brin de folie : grand sac à main coloré, chaussure zébrée, enfilade de colliers.
- **Laissez entrevoir la peau**. Vous pouvez encore vous le permettre : robe sans manches, jupe courte, décolleté et dos nu, blouses transparentes.
- **Recherchez les détails qui donnent de la personnalité au vêtement** : volants, rubans, découpes.
- **L'allure sophistiquée de la mode rétro est pour vous**. Modernisez-la par quelques éléments à la mode : une robe droite et cintrée des années 50, actualisée par un escarpin stiletto coloré.
- **Ayez confiance en vous**. Vous aimez cette robe rouge excentrique : portez-la fièrement.

MARIE-JOSÉE TAILLEFER,
ANIMATRICE

« À mon âge, je choisis des vêtements dans lesquels je me sens bien et qui ont du punch. Aussi, les couleurs m'interpellent. Elles me donnent de l'énergie. Lorsque je vois un étalage de vêtements colorés, par exemple, je suis spontanément attirée. J'aime la lumière que les couleurs apportent. C'est comme si leur éclat rebondissait non seulement sur moi, mais sur mon entourage. Mais il faut les porter avec assurance. C'est comme une recette : si tu as confiance en tes ingrédients, ton plat sera des plus savoureux. »

ÉLÉGANCE CRÉATIVE

VOTRE BUT Ne pas se laisser aller.
Misez plutôt sur un style moderne,
créatif, sophistiqué et teinté d'audace.

__40 ANS__ Vous êtes belle, confiante, sensuelle et au sommet de votre forme. Votre allure vestimentaire doit le refléter. Chassez l'image «matante». Et encore plus l'image ado. La quarantaine est le moment d'exprimer librement ses goûts et ses convictions. Comment ? En trouvant le juste milieu entre les coupes à la mode et l'élégance des vêtements intemporels. La limite du bon goût s'amenuise avec les années. À vous de ne pas tomber dans le piège de la *fashion victim*.

Pour s'habiller avec succès, respectez votre nouvelle réalité. Votre corps change. Il devient de plus en plus capricieux. Ainsi, certaines coupes de vêtement ne vous conviennent plus. Je pense aux pantalons taille basse qui dévoilent les fesses ou à cette robe ajustée qui ne pardonne aucun ventre, par exemple.

> " *Quand on se sent bien dans un vêtement, tout peut arriver !* "
> — YVES SAINT LAURENT —

Recherchez plutôt les vêtements de qualité dont la coupe structure votre silhouette. Une jupe à godets par exemple, avantage la plupart des silhouettes. Tout comme une veste cintrée qui affine la taille. Misez également sur des tissus légèrement extensibles et qui assurent un bon maintien.

Surtout, soyez à la page. Si, par exemple, vous avez connu l'époque des épaulettes et que celles-ci reviennent à la mode, ne les portez pas comme vous aviez coutume de le faire. Vous aurez l'air démodée. Atténuez plutôt la tendance, en l'agençant à vos vêtements classiques. Des accessoires, couleurs ou imprimés de la saison actualiseront l'ensemble.

Fiez-vous à votre créativité. Elle est la clé pour rehausser votre look.

Trucs de styliste

- **Investissez dans des vêtements de base de qualité** qui tombent à la perfection et qui avantagent votre silhouette (pantalon noir, jupe droite, veste cintrée, robe classique).
- **Stylisez ces tenues de base avec quelques vêtements à la mode**, payés moins cher (corsage de chiffon coloré, blouse imprimée, chandail excentrique). Ceux-ci moderniseront votre garde-robe.
- **Oubliez les coupes droites sans personnalité**. Recherchez plutôt les détails qui donnent du caractère aux vêtements : surpiqûres contrastées, ajouts de boutons décoratifs, de volants, d'empiècements métalliques.
- **Amusez-vous** : jouez les superpositions des longueurs, les couleurs monochromes ; ponctuez vos tenues par un imprimé ou un accessoire excentrique.
- **Ne cherchez pas à «faire jeune»**. Soyez plutôt moderne.
- **Pensez qu'une tenue peut à la fois être confortable et stylisée.**

LA MODE DE
MIREILLE DEYGLUN,
COMÉDIENNE
ET ANIMATRICE

« J'aime la mode. Je suis d'ailleurs incapable de me départir de mes vêtements. Je les garde tous (*rires*). Pour les remettre au goût du jour, je les fais altérer, ou je les porte différemment avec un foulard, un bijou, une ceinture. Un conseil ? À 50 ans, il faut se regarder telle que l'on est, et reconnaître qu'il faut faire quelques changements. L'exercice et une saine alimentation deviennent essentiels. C'est une question de bien-être. »

NOUVEAU DÉPART

VOTRE BUT Adaptez votre style en misant sur des coupes élégantes et actuelles, caractérisées par des détails accrocheurs.

<u>50 ANS</u> Vous entrez dans une nouvelle étape de votre vie. Vos enfants sont grands, votre carrière est bien installée : vous pouvez enfin penser à vous. C'est également un moment transitoire où votre corps se transforme. Ainsi va la vie ! Il faut donc apprendre à composer avec cette nouvelle réalité. Les créateurs de mode ne vous négligent pas, au contraire. Ouvrez l'œil et vous découvrirez que la mode s'adresse également à vous.

Adaptez. Voilà ce que vous devez faire : transposer la mode et ses tendances à vos nouvelles courbes et textures de peau. Pour y arriver, vous devez ac-cepter votre image et faire quelques deuils. Vous dire qu'à partir de maintenant, une jupe au genou vaut mieux qu'une mini-jupe. Tout comme un chandail à manche trois quarts au lieu d'une camisole.

Surtout, ne tombez pas dans la banalité. Soyez créative. Misez sur des pièces ou accessoires vedettes dont les détails accrocheurs donneront du caractère à votre silhouette. Grâce à eux, il vous sera aisé de composer votre nouveau style en les greffant à vos vêtements de base.

Élégance et modernité sont maintenant votre leitmotiv.

> *« Avec l'âge, une femme ne devrait jamais cacher l'arrondi de ses épaules, car cette partie ne ride pas et ne prend aucun poids. »*
> — DONNA KARAN —

Trucs de styliste

- **Recherchez les détails qui creusent votre taille** : robes et corsages croisés, motifs en diagonale, découpes princesse, effets drapés au niveau du ventre (idéal pour camoufler un ventre rond).
- **Portez le bon sous-vêtement.** Un soutien-gorge bien ajusté fait rajeunir de 10 ans !
- **Préférez la longueur Chanel qui se situe juste au genou.** Une longueur sous le genou (appelé midi) peut vieillir la silhouette.
- **Quand le teint va, tout va !** Quelques touches de cache-cernes et de fond de teint illuminateur rehaussent l'éclat du visage. Pensez-y !
- **Attention au noir.** Il peut durcir les traits. Près du visage, préférez une couleur douce (ivoire, rose tendre, bleu ciel) ou vive (rouge, magenta, turquoise, corail). Un foulard ou un collier peut adoucir l'effet éteignoir du noir.

LA MODE DE
FRANCE CASTEL,
CHANTEUSE
ET ANIMATRICE

« À partir d'un moment, le corps change
beaucoup. Mais rien ne sert de courir
après celui que l'on n'a plus. Moi, j'ai fait
la paix avec le mien. Je l'accepte
et remercie le ciel d'être en santé.
Je réapprends donc à m'habiller.
Il y a plein de trucs pour ça. Par exemple,
la lumière des couleurs et l'aisance
des coupes m'avantagent. Et comme je suis
plus forte du haut, je dégage mon cou.
Il faut se connaître. »

RAFFINEMENT STYLISÉ

VOTRE BUT Raffiner votre style par des vêtements classiques au goût du jour.

60 ANS ET PLUS Même si votre corps accuse les années, votre cœur est toujours jeune. Vous êtes dynamique et encore soucieuse de votre apparence. Votre style vestimentaire doit donc le refléter. Mais à ce stade, la séduction ne passe plus par une robe fourreau ou un savant décolleté. Vos façons de rire, de parler, de marcher, d'apprécier la vie sont autant d'éléments qui doivent transparaître dans votre habillement. Vos vêtements sont le canevas de votre personnalité.

" Vieillir, c'est lorsqu'on perd son imagination. "
— ANTOINE DE ST-EXUPÉRY —

Vos meilleures alliées : les couleurs. Elles sont les vitamines du style. Servez-vous de leur pouvoir pour exprimer votre vitalité et rehausser votre teint comme votre silhouette (voir chapitre 3). Quelques vêtements ou accessoires judicieusement choisis pigmenteront vos tenues : blouse, manteau, foulard, sac à main, chapeau, colliers...

Soyez à la page. Ce n'est pas parce que vous êtes à la retraite que vous devez ignorer la mode. La curiosité est l'étincelle de la jeunesse. Regardez ce qui vous entoure. Voyez au-delà des tendances et adaptez-les à votre rythme de vie. Le legging est à la mode ? Portez un pantalon noir de coupe droite. Les talons hauts ne vous conviennent plus ? Misez sur une chaussure à semelle compensée ou une magnifique ballerine colorée. Aujourd'hui, la mode est accessible à tous les âges, toutes les silhouettes et toutes les bourses.

Vous avez connu bien des styles au cours de votre vie. Ne perdez pas cette signature qui vous distinguait.

Trucs de styliste

- Élégantes et raffinées, **les teintes de blanc et ses dérivés** — ivoire, vanille, crème, beige, doré, argenté — n'ont pas leur pareil pour donner de l'éclat au teint. Ils sont plus flatteurs que le noir.
- **Recherchez les détails féminins** : volants, boucles, broderies. Si vous le pouvez, laissez entrevoir un peu de peau : manches trois quarts, légers décolletés, sandales.
- **Allez magasiner avec votre petite-fille** et laissez-vous conseiller par elle. Vous verrez la mode différemment.
- **Les tissus métallisés, soyeux ou satinés** donnent de l'éclat et actualisent vos tenues. À ne pas négliger.
- **Sortez des sentiers battus et osez.** Essayez des coupes et des couleurs différentes. Soyez de votre temps !

LES 10 RÈGLES POUR RAJEUNIR DE 10 ANS

Rajeunir de 10 ans,
est-ce possible ?
Il n'en dépend
que de vous.

10

10. **Dorlotez votre peau par des crèmes nourrissantes aux proprietés anti-âge.** Et surtout, ne négligez pas votre teint. Les fonds de teint d'aujourd'hui sont si légers qu'ils unifient, corrigent, hydratent et illuminent votre peau, sans y laisser de traces.

09

09. **Un beau sourire vaut mille crèmes anti-âge !** Faites un traitement de blanchiment de dents si nécessaire. Les produits en pharmacie donnent de très bons résultats.

08

08. **Gardez vos cheveux en santé** : cachez la repousse de vos cheveux gris; hydratez-les avec des produits capillaires de qualité et actualisez votre coupe de cheveux.

07

07. **Laissez vos bijoux classiques de côté** et misez sur des colliers, bracelets et bagues de fantaisie aux allures de la saison.
Ils ne sont pas chers et leur effet est spectaculaire.

06

06. **Troquez également le sac à main et la chaussure classique pour des modèles colorés et plus «dans le vent».**

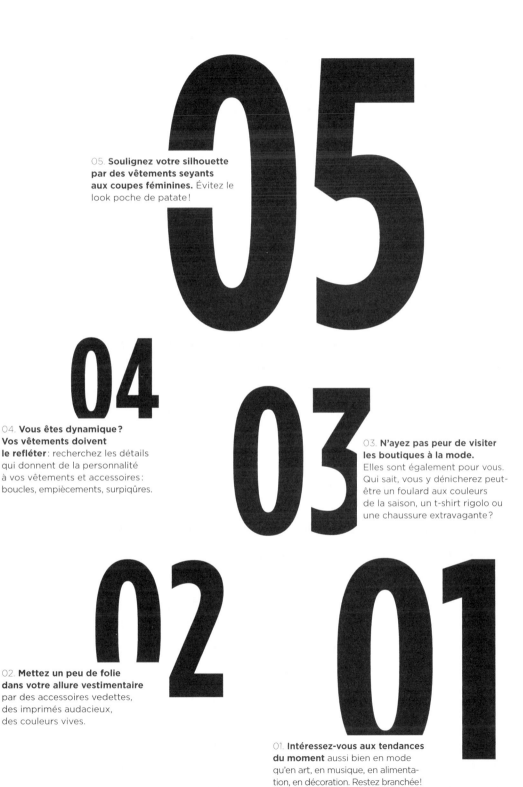

05. **Soulignez votre silhouette par des vêtements seyants aux coupes féminines.** Évitez le look poche de patate!

04. **Vous êtes dynamique? Vos vêtements doivent le refléter**: recherchez les détails qui donnent de la personnalité à vos vêtements et accessoires: boucles, empiècements, surpiqûres.

03. **N'ayez pas peur de visiter les boutiques à la mode.** Elles sont également pour vous. Qui sait, vous y dénicherez peut-être un foulard aux couleurs de la saison, un t-shirt rigolo ou une chaussure extravagante?

02. **Mettez un peu de folie dans votre allure vestimentaire** par des accessoires vedettes, des imprimés audacieux, des couleurs vives.

01. **Intéressez-vous aux tendances du moment** aussi bien en mode qu'en art, en musique, en alimentation, en décoration. Restez branchée!

05

LES STYLES
SELON
LES ÉPOQUES

Avez-vous remarqué comment les modes du passé n'en finissent plus de revenir au goût du jour ? «La mode est fille de mode. Elle crée à partir de ce qu'elle a créé», disait le poète français, Léon-Paul Fargue. Cette maxime prend tout son sens alors que, saison après saison, les designers font revivre les coupes, les couleurs et les motifs d'antan.

Connaître les caractéristiques vestimentaires de chaque époque vous aidera à l'élaboration de votre style. De plus, ces références vous permettront d'ajouter une touche authentique à vos tenues. La robe trapèze par exemple est issue des années 60. Pour insuffler une image sixties à votre silhouette, l'ajout d'un collant opaque et d'une botte haute à cette robe est tout indiqué.

À petites doses, ces marques du temps actualisent également votre garde-robe. Si, par exemple, la mode victorienne s'inscrit au palmarès des tendances saisonnières, une blouse de dentelle à col montant et manches gigot rappelle instantanément ce courant.

Vous retrouverez donc dans ce chapitre les grandes lignes des époques marquantes de la mode et des idées pour les appliquer à votre quotidien. Amusez-vous à personnaliser vos tenues de quelques éléments typiques sans toutefois être excessive. Ils donneront un souffle de renouveau à votre style.

Les modes passent
mais ne meurent jamais.

1950

1930

1920

MÉDIÉVAL

ANTIQUE

1940

VICTORIEN & BELLE ÉPOQUE

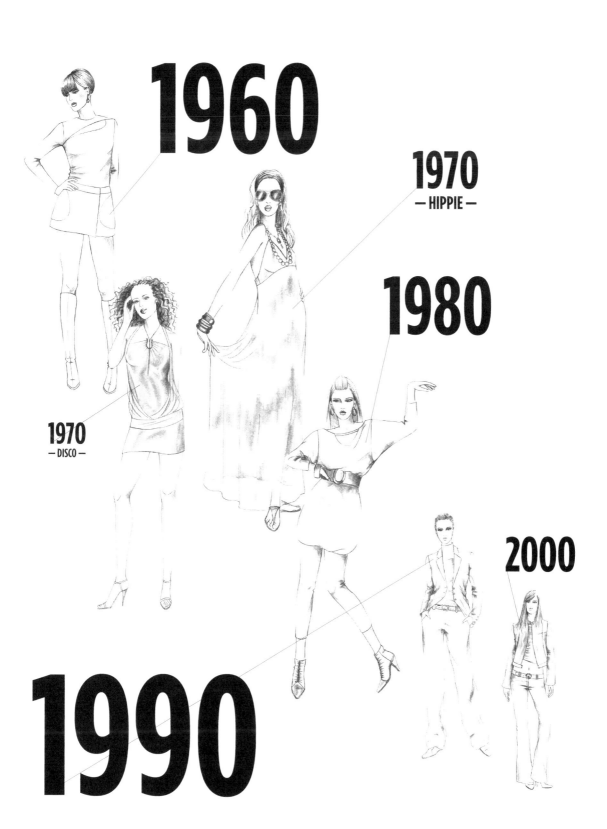

1960

1970
— HIPPIE —

1980

1970
— DISCO —

2000

1990

01

02

03

01. **STYLE ANTIQUE**

L'INFLUENCE Période de l'Antiquité gréco-romaine.

Caractéristiques

- Robe drapée s'apparentant à une toge
- Courte tunique, plissée aux épaules et à la taille
- Taille cintrée sous la poitrine (taille empire)
- Encolure asymétrique à une seule bretelle
- Tissus vaporeux et plissés
- Sandales à lanières (spartiates et nu-pied)
- Broches et diadèmes
- Pendants d'oreilles
- Multiples bracelets et colliers
- **Motifs :** rayures, losanges, cercles
- Bijoux or jaune
- **Couleurs :** or, blanc et crème
- **Coiffure :** nattes; cheveux longs ondulés, décorés de fins rubans
- **Maquillage :** naturel

LES IDOLES
Hélène de Troie et les déesses de la mythologie grecque et romaine (Athéna, Gaïa, Diane, etc)

CE STYLE À L'ÉCRAN
Ben Hur (1959), Cléopâtre (avec Elizabeth Taylor) (1963), Troie (2004)

02. **STYLE MÉDIÉVAL**

L'INFLUENCE Période du Moyen Âge où les seigneurs, les chevaliers et gentes dames se servent de leurs tenues pour marquer leur rang social.

Caractéristiques

- Robe longue cintrée sous la poitrine (dandier)
- Traîne et cape (mantel)
- Robe longue à manches volumineuses (houppelande)
- Blouse ample de lin blanc
- Cotte de mailles
- Velours, soies brodées et cuirs
- Accent de fourrure en garniture (surtout de l'hermine)
- Collier or au cou
- Ourlet dentellé en forme de créneaux des châteaux
- **Couleurs** : bleu, poupre, vert, rouge
- Motifs de losanges, fleurs de lys, croissants
- **Coiffure** : cheveux longs ondulés séparés au centre; fines tresses remontées en chignon
- **Maquillage** : naturel, joues roses

LES IDOLES
Aliénor d'Aquitaine, Reine Guenièvre (légende arthurienne), Jeanne d'Arc

CE STYLE À L'ÉCRAN
Braveheart (1995), Jeanne d'Arc (1999), Le Seigneur des anneaux (2001), Le Roi Arthur (2004)

---

03. **STYLE VICTORIEN** & **BELLE ÉPOQUE**

L'INFLUENCE Fin XIXe siècle - Début XXe siècle. Les tenues féminines sont fantaisistes et adoptent différents volumes selon le type de corset.

Caractéristiques

- Romantisme
- Cascades de dentelle
- Blouse à manches gigot et col montant
- Corset
- Crinoline
- Jupe volumineuse
- Volants
- Chemise de nuit de coton blanc
- Bottines lacées à petits boutons
- Gants et ombrelle
- Bijoux de perles, camée
- **Cheveux** : remontés en chignon vagué
- **Maquillage** : naturel, joues roses et bouche arrondie

LES IDOLES
Du théâtre: Sarah Bernhardt, Réjane, Liane de Pougy
De la mode: Charles Frédéric Worth, Jacques Doucet, Paul Poiret

CE STYLE À L'ÉCRAN
La Belle de New York (1952), Mary Poppins (1964), My Fair Lady (1964), Titanic (1997), Moulin Rouge (2001)

04. **STYLE 1920**

L'INFLUENCE Les années folles (1924-1929). Les femmes s'émancipent. Elles sortent dans les boîtes de nuit, s'amusent, jouent à la garçonne.

Caractéristiques

- Silhouette droite et allongée
- Robe droite et légère (charleston)
- Robe nuisette à fine bretelle, en satin et dentelle
- Franges et plumes
- Long collier et sautoir de perle
- Chapeau cloche
- Porte-jarretelles
- Manteau de brocard
- Col de fourrure
- Escarpin muni d'une bride (soulier de danse)
- **Couleur :** chair, pastel
- **Cheveux :** courts, légèrement vagués, en carré (coupe garçonne)
- **Maquillage en rondeur :** yeux charbonneux, teint blanc, bouche rouge

05. **STYLE 1930**

L'INFLUENCE Période après le grand krach boursier (1929). Les femmes ont envie d'être belles et féminines. L'élégance est stricte. Le vêtement épouse le corps. Le cinéma et son glamour influencent la mode.

Caractéristiques

- Robe coupée en biais
- Robe chemisier classique
- Boucle nouée au cou
- **Le soir :** robe longue à dos nu en satin
- Tailleur long et ajusté
- Taille soulignée d'une fine ceinture
- Petits imprimés (pois, fleurs, vichy)
- Col de fourrure (avec la tête de l'animal)
- Sac à main pochette
- Béret de feutre
- **Couleurs combinées :** brun et crème, noir et blanc
- **Coiffure :** ondulée, mi-longueur, chevelure blonde (à l'image des actrices d'Hollywood)
- **Maquillage soigné :** sourcils en demi-cercle, bouche définie, yeux langoureux

---

LES IDOLES
De la mode : Coco Chanel, Jeanne Lanvin (de la griffe Lanvin), Jean Patou
Du cinéma et de la dance : Louise Brooks, Clara Bow, Joséphine Baker

CE STYLE À L'ÉCRAN
Gasby le magnifique (1974 et 2002), Les portes tournantes (1988), Chicago (2002), L'amant de Lady Chatterley (2006)

LES IDOLES
De la mode : Madeleine Vionnet, Elsa Schaparelli, Marcel Rochas
Du cinéma : Greta Grabo, Marlene Dietrich, Jean Harlow

CE STYLE À L'ÉCRAN
Bonnie and Clyde (1967), Cabaret (1972), King Kong (2005)

06. **STYLE 1940**

L'INFLUENCE Période de la guerre et de l'après-guerre. L'économie des tissus est de mise. On s'inspire des uniformes militaires. La silhouette est élancée. Période qui se termine en 1947, avec le *New Look* de Christian Dior.

Caractéristiques

- **Tailleur jupe** : épaules très prononcées et jupe sous le genou, très étroite (crayon)
- Coupes simples et sans fioritures
- Lainages et tissus lourds d'allure masculine
- Robe de jour, droite, stricte et épaulée
- Chaussure à semelles compensées en bois ou en liège
- Pochette, sacoche et sac portés en bandoulière
- Turban et petit chapeau porté vers l'avant
- Couleurs sombres et neutres
- **Coiffure** : longs et vagués; chignons relevés pour allonger la silhouette
- **Maquillage féminin** : sourcils finement arqués et redessinés; bouche fardée en forme de cœur

05

04

06

LES IDOLES
Joan Crawford, Lauren Bacall, Ava Gardner.

CE STYLE À L'ÉCRAN
Casablanca (1942), Gilda (1946), New York, New York (1977), Les Plouffe (1981), Pearl Harbour (2001)

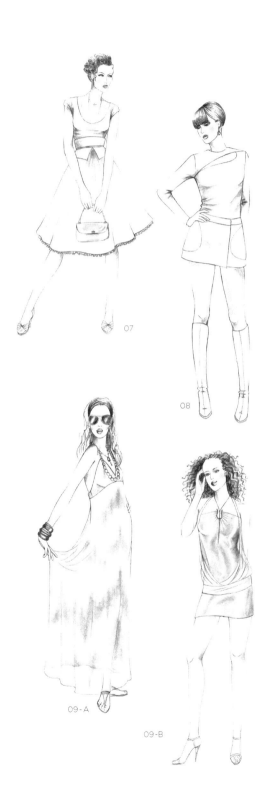

07

08

09 - A

09 - B

07. **STYLE 1950**

L'INFLUENCE Riche période de la mode, marquée par le retour des valeurs traditionnelles et le baby-boom. Après les vêtements étriqués de 1940, les femmes rêvent de lignes souples et ultra féminines. Elles montrent leur richesse, leur goût de liberté et se laissent influencer par les magazines de mode et les stars de cinéma.

Caractéristiques

- Silhouette sablier créée par le *New Look* de Dior : jupe ample, taille cintrée, épaules naturelles, vestes à basques
- Attitude glamour des stars de cinéma (perles, strass, fourrure, satin)
- Formes amples et cocon
- **Tailleur jupe** : veste écourtée aux manches trois quarts et jupe crayon
- Robe cocktail
- Cardigan et chandail tandem (*twin-set*)
- Pantalon ajusté de coupe capri
- Soutien-gorge de forme conique et gaine
- **Accessoires indispensables et coordonnés à la tenue :** gants, foulard de soie, sac à main, escarpin à bout pointu et talon aiguille, ceinture (large ou mince)
- **Cheveux :** chignon en hauteur ; queue de cheval chez les jeunes
- **Maquillage impeccable :** œil de biche, faux-cils, teint pâle, bouche marquée, sourcils redessinés

LES IDOLES

De la mode : Christian Dior, Hubert De Givenchy, Valentino

Du cinéma : Marilyn Monroe, Brigitte Bardot, Audrey Hepburn, Sophia Loren

CE STYLE À L'ÉCRAN

Les hommes préfèrent les blondes (1952), Comment épouser un millionnaire (1953), Breakfast at Tiffany's (1964), Grease (1978)

08. **STYLE 1960**

L'INFLUENCE Période des grands changements. Les jeunes rêvent d'un monde meilleur et brisent les conventions. Début 60: les jeunes créateurs de mode créent une nouvelle silhouette aux lignes géométriques et provocatrices. Fin 60: La mode n'est plus dictée par les couturiers, mais par le monde de la chanson, du cinéma et de la rue. Naissance du mouvement *beatnik* et *hippie* (festival de Woodstock 1969).

Caractéristiques

- Mini-jupe et bottes à gogo
- Ligne ballon et trapèze
- Pantalon taille basse très ajusté
- Bottes cuissardes à talons droits et carrés (hauts ou plats)
- Look futuriste (blanc et argent, cuir verni et métal)
- Col roulé ajusté
- Bas collant opaque
- Bijoux fantaisistes en plastique
- Imprimés graphiques et floraux multicolores
- Couleurs monochromes et métalliques
- **Cheveux** : courts, raides et géométriques; fortement crêpés (ajout de postiches)
- **Maquillage** : yeux arrondis (ombres à paupières colorées), faux-cils, bouche naturelle

---

LES IDOLES
De la mode: Yves Saint Laurent, Pierre Cardin, Courrèges, Mary Quant, Twiggy (mannequin)
Du cinéma: Jane Fonda, Faye Dunaway
De la télé: Dominique Michel, Denise Filiatrault
De la politique: Jacqueline Kennedy

CE STYLE À L'ÉCRAN
Psychose (1960), Chapeau melon et bottes de cuir (1961), Les parapluies de Cherbourg (1964), Hairspray (2007)

---

09. **STYLE 1970**

L'INFLUENCE Le mouvement *hippie* et sa philosophie du *Peace and Love*, apparu à la fin 60, s'impose. En réaction à ce retour à la nature surgit la fièvre du disco (1978).

Caractéristiques
A. **1970 - *HIPPIE***

- Mini et maxi
- Robe et jupe longue paysanne
- Jeans à pattes d'éléphant
- Cotons indiens
- Formes et motifs psychédéliques
- Broderies et tissages folkloriques
- Macramé et patchworks
- Teinture à nouage (tie-dye)
- Bijoux de bois, perles de verre et coquillage
- **Coiffure** : cheveux longs décorés d'un bandeau et de fleurs
- **Maquillage** : teint et bouche naturels, yeux soulignés d'un eyeliner coloré

Caractéristiques
B. **1970 - DISCO**

- Pantalon à pattes d'éléphant
- Tailleurs-pantalons et hot pants
- Taille basse
- Robe tube
- Lurex et paillettes
- Tissus synthétiques
- Chaussures à semelles compensées
- Chemise en polyester ajusté, pointe de col allongé
- Silhouette près du corps
- **Coiffure** : frisé afro; coupe dégradée et vaguée.
- **Maquillage** : ombres à paupières très irisés et colorés. Lèvres très brillantes

---

LES IDOLES (*HIPPIE*)
De la mode: Laura Ashley, Sonia Rykiel, Emilio Pucci
LES IDOLES (*DISCO*)
De la mode: Thierry Mugler, Giorgio Armani, Diane Von Furstenberg
De la musique: Janis Joplin, Jane Birkin, Bianca Jagger, Patsy Gallant

CE STYLE À L'ÉCRAN (*HIPPIE*)
Woodstock (1970), Hair (1979), C.r.a.z.y. (2005)
CE STYLE À L'ÉCRAN (DISCO)
Drôles de dames (1976), La fièvre du samedi soir (1978), La Cage aux folles (1978), Studio 54 (1998)

10. **STYLE 1980**

L'INFLUENCE Période caractérisée par le culte du succès et du corps. Les femmes font carrière. C'est la génération des *yuppies*. La mode devient internationale et le Japon s'affirme comme fief de l'avant-garde. Les créateurs s'inspirent des modes passées et donnent naissance à des styles hybrides.

Caractéristiques

- La « *power woman* » en tailleur masculin
- Carrure d'épaules exagérée par des épaulettes
- Veste longue ou à basques, à la taille étroite, portée sur un legging
- Corset décoratif
- Pulls et t-shirts surdimensionnés
- Large pantalon à pinces, taille haute
- Robes souples et fluides
- Mode sportive : legging, justaucorps moulant, cache-cœur, bandeau, jambières
- Couleurs vives et voyantes
- Imprimés pied-de-poule, pois et animal
- Lycra moulant et tissus brillants
- Bijoux de fantaisie spectaculaires
- Mode *preppy* et BCBG : coupe sage et couleurs pastel
- Maquillage prononcé : yeux, joues et lèvres colorés et maquillés intensément
- Coiffure : gonflée exagérément; mèches et traitements permanents

LES IDOLES
De la mode: Claude Montana, Jean Paul Gaultier, Issey Miyake, Ralph Lauren, Versace
De la musique: Madonna, Cher, Grace Jones

CE STYLE À L'ÉCRAN
Fame (1980), Dynastie (1981), Flashdance (1983), Miami Vice (1984)

11. **STYLE 1990**

L'INFLUENCE Période de récession économique. On se tourne vers de nouvelles technologies. Le style minimaliste s'impose après l'allure glamour et tape-à-l'œil des années 80: «*Less is more*». On commence à se conscientiser quant à la protection environnementale. Abolition des codes vestimentaires: tout se mélange. C'est le début de la mondialisation. La fin des années 90 est marquée par l'habillement du groupe de musique *Spice Girls*.

Caractéristiques

- Mode androgyne : masculin et féminin
- Mode *grunge* : fibres naturelles, vêtements amples, déconstruits et déchirés
- Mode techno : nouveaux tissus synthétiques et performants
- Mode minimaliste : coupes simples, sans ornement, couleurs monochromes
- Mode *Spice Girls* : jeans taille basse et t-shirt moulant qui laisse voir le nombril
- Tailleur pantalon
- Jupe étroite, longue et dotée de fente
- Jupe courte extensible colorée ou imprimée
- Jeux de transparence et de superposition
- Sous-vêtements de couleurs
- Robe nuisette portée avec un jeans
- Coiffure : cheveux colorés, portés mi-longs, dégradés et décoiffés; cheveux longs et lisses attachés sagement
- Maquillage : teint naturel et brillant à lèvres

LES IDOLES
De la mode: Prada, Karl Lagerfeld, John Galliano, Tom Ford, Kate Moss (mannequin)
De la musique: Spice Girls, Céline Dion, Sade

CE STYLE À L'ÉCRAN
Pretty woman (1990), Pulp Fiction (1994), Prêt à porter (1994), Friends (1994)

12. **STYLE 2000**

L'INFLUENCE Les célébrités du cinéma et de la musique dictent la mode. Il suffit que l'une d'entre elles adopte un style pour qu'il soit popularisé instantanément. Les causes environnementalistes captent l'attention. Il se développe une mode conscientisée : tissus organiques et biologiques, marché équitable et local. L'Orient, dont la Chine, s'empare du marché manufacturier. La mode se mondialise.

Caractéristiques

- Coupes cintrées
- Robe et jupe ballon
- Influence ethnique (broderie, imprimés et bijoux)
- Boléro et veste écourtée
- Pantalon taille basse
- Pantalon cigarette
- Botte haute et chaussure à bouts arrondis
- Retour du legging et des années 80
- Tissus organiques
- Tissus avec brillance (paillette, broderies de pierre, fils métalliques)
- Couleurs vives
- **Maquillage :** teint lumineux, fards avec brillances autant pour les yeux, le teint que le corps
- **Cheveux :** longs et droits (passés au fer plat) et décoiffés contrôlés

11

10

12

LES IDOLES

De la mode : Marc Jacobs, Dolce & Gabbana, Alber Elbaz, Dries Van Noten

CE STYLE À L'ÉCRAN
Fashion victim (2001), Le diable s'habille en Prada (2007), Sex and the city (2008), Confessions d'une accro du shopping (2009)

UNE STYLISTE DANS VOTRE PENDERIE

Avez-vous le syndrome du « Je n'ai rien à porter » ou encore du « Je porte toujours la même chose » ? Il se peut que votre penderie ait besoin d'une petite thérapie ! Dans ce chapitre, vous découvrirez comment bâtir une garde-robe polyvalente, créative et interchangeable, afin de mettre fin à ces tourments vestimentaires.

Pour parfaire votre style, vous devez d'abord connaître ce que renferme votre garde-robe. Mais avant d'analyser son contenu, un ménage s'impose. *« Mess is stress »* disent nos amis anglais. Débarrassez-vous de tous ces vestiges sentimentaux et autres vêtements démodés. Ils sont juste bons à encombrer votre vie. Libérez-vous !

La mode meurt jeune et renaît rapidement. Malgré cela, il est souvent inutile de garder en réserve des vêtements durant plusieurs années. Et même si l'on a payé le gros prix. Les coupes changent, les tissus se défraîchissent, votre corps se transforme.

Comment s'en défaire ? Une garde-robe bien remplie est pourtant réconfortante, me direz-vous. Consolez-vous ! Vous n'êtes pas la seule à éprouver ce sentiment de sécurité. Pour que cette épreuve soit enrichissante, appliquez cette règle : pour chaque nouveau vêtement qui s'ajoute, vous devez en éliminer deux. À ce rythme, vous verrez que votre placard se départira de ces fripes parasitaires pour faire place à une garde-robe réfléchie et bien orchestrée.

Une garde-robe
bien pensée et bien rangée
fait économiser temps
et argent.

LES 10 ÉTAPES DU GRAND MÉNAGE

01

01. **Éliminez tous les cintres de broche et remplacez-les par des cintres en PVC qui ne gardent pas l'humidité et qui ne tachent pas les vêtements.** Choisissez-les de forme simple (pour les robes et chemisiers), à pinces (pour suspendre jupes et pantalons) et large (pour les vestons et manteaux).

02

03

02. **Examinez chaque vêtement et accessoire minutieusement** et essayez-les si nécessaire.

03. **Divisez les vêtements sélectionnés en cinq:**

01 Vêtements que vous aimez, et que vous êtes certaine de garder.

02 Vêtements incertains dont vous n'osez pas vous défaire. Remisez-les dans une housse ou une boîte. Si vous n'y touchez pas d'ici deux ans, vous saurez en disposer.

03 Vêtements et accessoires pour le nettoyeur, la couturière et le cordonnier.

04 Vêtements à donner à une copine ou à une œuvre de charité.

05 Vêtements pour le recyclage de fibre (vêtements inutilisables, bas solitaires, sous-vêtements).

04

04. **Remisez les vêtements saisonniers.** Ils encombrent votre placard.

05

05. **Regroupez par morceaux les vêtements que vous gardez:** robes, jupes, pantalons, chemisiers. Puis, par couleur.

10. Pour les ceintures, recherchez les séparateurs spécialement conçus que vous suspendez à la barre du placard. Évitez les crochets en rond.

09. Utilisez les sacs à glissière de style *Zip Lock* pour ranger bas de nylon, foulards, bijoux et autres petits accessoires dans une boîte ou un tiroir.
Des séparateurs, paniers d'osier, boîtes de plastique transparentes peuvent aussi servir.

08. Pour les chaussures, utilisez un séparateur en tissu. Elles seront mieux protégées. Vous pouvez également les entreposer dans leur boîte respective. Et pour retrouver rapidement une chaussure, faites comme les collectionneurs : encollez sa photo sur la boîte !

07. Ne suspendez pas les chandails sur des cintres, car ils se déforment. Pliez-les et rangez-les sur une tablette ou dans une jolie boîte.

06. Suspendez vos pantalons sur des cintres munis de pinces. Ils restent plus beaux et ne se froissent pas.

JE GARDE OU JE DONNE ?

Difficile de se débarrasser des vêtements et accessoires qui encombrent placards et tiroirs. Pour vous aider, posez-vous ces questions :

- **Est-ce que j'aime ce vêtement ?** Si vous hésitez, c'est qu'il ne vous plaît pas. Au panier ! Si vous êtes incapable de vous en défaire, essayez-le de nouveau en le coordonnant différemment. Si vous hésitez encore, demandez l'avis d'une copine et si elle rit de vous… oust, au panier !
- **Avantage-t-il ma silhouette ?** Votre corps change. Essayez-le. S'il ne vous met pas en valeur, il conviendra certainement à l'une de vos amies. Vous aurez le plaisir de revoir votre vêtement chéri enjoliver une autre silhouette.
- **Depuis combien de temps je ne porte plus ce vêtement ?** Si c'est depuis deux ans, fort à parier que vous ne le porterez plus jamais.
- **Pourquoi est-ce que je ne le porte plus ?** Il se peut que vous n'ayez pas le bon agencement. Si c'est le cas, essayez de trouver son complément. Si, après ces tentatives, vous ne le portez toujours pas… oust, au panier !
- **Est-ce que sa coupe est démodée ?** Certaines coupes de vêtements peuvent être modernisées par une couturière. Mais le vêtement a ses limites (voir la section «Deuxième vie»). Pensez que les vêtements classiques ont également une fin.
- **A-t-il besoin d'altérations : bouton manquant, ourlet à faire, fils tirés ?** Apportez-le chez la couturière.
- **Est-ce que le tissu est défraîchi, taché, jauni, élimé, étiré ?** Ne vous encombrez plus des vêtements fadasses. S'ils ont perdu de leur éclat, débarrassez-vous-en. Vous prendrez plaisir à les remplacer.

L'ENTREPOSAGE SAISONNIER

Remiser les vêtements saisonniers nécessite quelques précautions si vous voulez que vos vêtements traversent cette étape sans se transformer en passoire (merci les mites !), sans changer de couleur et servir de tremplin à une flore bactérienne.

Voici donc quelques conseils

- **Assurez-vous que vos vêtements soient propres, exempts de savon, d'huile de la peau, d'antisudorifique et de produits de nettoyage à sec.** Ceux-ci peuvent acidifier la fibre. Elle commencera alors son processus de décomposition et deviendra jaune.
- **Évitez les endroits humides.** L'humidité est l'ennemi juré des textiles. Elle contribue à former des champignons (ou des moisissures) qui s'attaquent à la fibre et la décomposent. Ces champignons se remarquent par de petites taches noires sur le vêtement. Ils sont nocifs pour la santé et difficiles à éliminer.
- **Préférez une pièce bien aérée, sans écart de température et sans lumière directe.** Dans une maison climatisée, l'espace sous le lit est idéal pour un rangement de quelques mois. Il se vend des boîtes longues et plates, spécialement conçues à cet effet.
- **Les boîtes de carton peuvent endommager vos vêtements**, car le carton garde l'humidité. Utilisez-les pour l'entreposage à court terme, dans un endroit sec et aéré. Enveloppez toutefois vos vêtements dans un drap blanc (préalablement lavé) pour que les fibres n'entrent pas en contact avec le carton.
- **Évitez le papier de soie.** Comme le carton, il garde l'humidité et acidifie les fibres. Il peut aussi déteindre et tacher vos vêtements.
- **Utilisez plutôt des contenants de plastique en polyuréthane (PVC).** Doublez les parois d'un coton lavé (ou d'un drap blanc) pour protéger les vêtements délicats.
- **Utilisez des housses de coton pour suspendre vos vêtements.** Bannir les sacs en plastique de nettoyeurs, car ils retiennent l'humidité. Vous pouvez fabriquer une housse avec une taie d'oreiller dont vous perforez le milieu de l'extrémité pour laisser passer le cintre. Ou enveloppez vos vêtements dans un grand drap.

LES INDÉSIRABLES

Votre pull de laine est marqué de petits trous ?
Vous avez fort probablement un problème de mites.

Les mites ou les teignes de vêtements sont des micro papillons nocturnes de 8 mm et de couleur jaunâtre. Comme les poux, elles apparaissent du jour au lendemain. D'où viennent-elles ? D'un vêtement contaminé, d'un ancien tapis ou simplement de l'extérieur.

Ces insectes se nourrissent de fibres de laine, de soie, de coton. Ils raffolent de la fourrure. Les femelles pondent des œufs dans le pli d'un vêtement afin que les larves se nourrissent des fibres. En guise de remerciement, elles laissent derrière elles des petits trous. Et si vous ne les attrapez pas à temps, les mites peuvent vivre de trois semaines à trois ans.

Que faire pour les éviter ?

● **L'endroit où vous entreposez vos vêtements doit être propre.** Passez l'aspirateur, car les mites aiment aussi la poussière.
● **Inspectez régulièrement les housses et les boîtes de rangement.** Si vous remarquez la présence d'araignées, ouvrez l'œil. Elles aiment les mites.
● **Évitez les boules à mites** (naphtaline). Elles sont extrêmement nocives pour la santé.
● **Pas de pots pourris de fleurs séchées.** Ils attirent les insectes.
● **Fabriquez votre chasse mites** : imbibez une boule de ouate d'huile essentielle de cèdre, de romarin ou de thuya. Glissez la ouate dans la housse ou la boîte. Attention pour ne pas que l'huile tache les vêtements.
● **Si vous voyez des petits papillons dans la maison,** tuez-les rapidement et inspectez vos boîtes.

Que faire si vous découvrez de minuscules boules blanchâtres (les œufs), des toiles, des carapaces ou des trous à vos vêtements ?

● **Vous devez tuer les œufs** en emballant vos vêtements dans un sac hermétique, que vous placez au congélateur pendant deux semaines.
● **N'ouvrez le sac que lorsque le contenu est réchauffé.**
● **Débarrassez-vous des débris d'insectes** en brossant énergiquement le vêtement. Faites ce travail à l'extérieur.
● **Après, faites nettoyer à sec le vêtement** par un professionnel.

INFORMATION

Si vous désirez en savoir plus sur l'entreposage, le gouvernement canadien met à votre disposition le site Préserver mon patrimoine. Il donne des conseils sur la préservation des objets, des vêtements et des meubles, de la cave au grenier. Ce site est un outil de base et un guide indispensable pour conserver les trésors de votre famille.
www.preservation.gc.ca

L'INVENTAIRE

Dresser un inventaire de votre garde-robe vous aidera à mieux visualiser son contenu. Inscrivez dans ce tableau le nombre d'items, la couleur et son complément manquant, s'il y a lieu. Vous pourrez ainsi planifier adéquatement vos prochains achats.

GARDE-ROBE AUTOMNE / HIVER

	TRAVAIL	WEEK-END	SOIRÉE CHIC	SPORT
Robe				
Veston				
Pantalon				
Jupe				
Chemisier				
Cardigan				
Pull et chandail				
T-shirt & camisole				
Corsage (Haut délicat)				
Manteau				
Lingerie (Soutien-gorge, culotte, bas, collant, maillot)				
Chaussure				
Sac à main				
Ceinture, foulard & chapeau				

Il me manque : _____

GARDE-ROBE PRINTEMPS / ÉTÉ

	TRAVAIL	WEEK-END	SOIRÉE CHIC	SPORT
Robe				
Veston				
Pantalon				
Jupe				
Chemisier				
Cardigan				
Pull et chandail				
T-shirt & camisole				
Corsage (Haut délicat)				
Manteau				
Lingerie (Soutien-gorge, culotte, bas, collant, maillot)				
Chaussure				
Sac à main				
Ceinture, foulard & chapeau				

Il me manque : _____

LES 10 GRANDES QUESTIONS DE L'INVENTAIRE

Le grand ménage est fait ! Libérée des vêtements qui encombraient votre vie, vous y voyez plus clair. Il est alors temps d'analyser le contenu de sa garde-robe.

01

01. **En pourcentage, combien de vêtements conviennent pour mon travail, mes loisirs et ma maison ?**

02

02. **Quels sont les vêtements que je porte souvent ? À l'occasion ? Rarement ? Jamais ?**

03

03. **Est-ce que je peux facilement agencer chaque vêtement de différentes façons ?**

04

04. **Comment puis-je qualifier le style de mes vêtements :** classique, avant-garde, athlétique, glamour, bohémien, rétro, gothique, rockeur, éclectique ?

05

05. **Reflètent-ils ma personnalité ?**

06

06. **Quelles sont les couleurs dominantes ?**

07

07. **Quelles sont les couleurs accent ?**

08

08. **Mes vêtements sont-ils majoritairement unis ou imprimés ?**

09

09. **Qu'en est-il de mes accessoires (foulards, ceintures, bijoux de fantaisie, chaussures, sac à main) ?** Complètent-ils mes tenues ? Sont-ils à portée de main lorsque je m'habille ?

10

10. **Ma garde-robe me satisfait-elle ?** Que manque-t-il ? Pour quelle occasion (travail, loisir, plein air, sorties entre amies…) ?

LA GARDE-ROBE INTELLIGENTE

Une garde-robe polyvalente, créative et interchangeable se bâtit au fil des années. Et chaque saison s'y ajoutent quelques items qui la façonnent selon le rythme de vie. Je la compare à une pyramide que je divise en trois catégories de vêtements. Il y a les éléments de base (les basiques), les prédominants et les fantaisistes.

01. LES FANTAISISTES

10 % D'éléments fantaisistes qui caractérisent les tendances saisonnières : t-shirt *tie-dye*, robe aux motifs art déco, sac jaune vif, chandail de lurex, pantalon sarouel. Ils donnent du piquant et actualisent votre garde-robe au goût du jour. Ils sont de qualité moyenne, car ils ne vivent qu'une saison ou deux, pas plus. Après ils sont complètement démodés.

02. LES PRÉDOMINANTS

40 % De vêtements et accessoires prédominants aux détails accrocheurs et distinctifs, à mi-chemin entre la coupe classique et la coupe avant-gardiste. Ils composent le cœur de votre garde-robe, car ceux-ci caractérisent votre style : veston de créateur, blouse de chiffon à jabot, pantalon de velours noir, robe cocktail, jupe fleurie, t-shirt coloré, ballerines rouges, ceinture léopard. Ils sont bien coupés, de bonne qualité et se démodent après quelques années seulement. Ils sont un bon investissement ; votre carte de visite !

03. LES BASIQUES

50 % De basiques de la garde-robe. Ici, vêtements et accessoires sont la fondation de votre pyramide. Ils sont classiques, intemporels et indispensables pour accompagner vos vêtements plus spectaculaires : robe et pantalon noirs, jeans classique, jupe droite, t-shirt blanc, camisole blanche, escarpins et sac à main noirs, sous-vêtements. Les couleurs neutres dominent : noir, marine, brun, gris, blanc, beige. Ces vêtements sont de qualité moyenne à bonne, car vous les portez et les renouvelez souvent. Leur style ne se démode jamais.

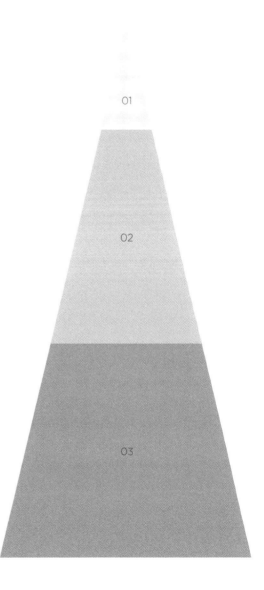

LES 10 ESSENTIELS DE LA GARDE-ROBE

Une garde-robe en santé
doit comprendre ces vêtements
incontournables et passe-partout :

01

**Le tailleur pantalon
ou jupe noir**
Veston et pantalon ou jupe
qui peuvent se porter ensemble
ou séparément.

02

**La jupe classique
de couleur neutre**
Sa coupe varie selon
la silhouette de chacune
ainsi que sa couleur : noir,
brun, marine, beige.

03

Le chemisier blanc
C'est le vêtement par
excellence pour les journées
chic ou décontractées.

04

Le pantalon beige
Élégant : vous pouvez
l'agencer avec le veston noir.
Décontracté : vous le coordonnez à une simple camisole
superposée d'un cardigan.

05

La robe noire
Indispensable pour les jours
en panne d'inspiration
et les soirées impromptues.

01

02

03

04

05

06

Le jeans droit et foncé & le jeans relax
Il s'adapte facilement à vos sorties tandis que le jeans de coupe décontractée convient aux moments de détente.

07

Le trench
Cet imperméable ne se démode jamais et donne une touche de raffinement à la silhouette.

08

Le cardigan
Polyvalent, ce cardigan de tricot souple de laine ou de coton est idéal pour le travail ou les sorties du week-end.

09

La camisole
Sous un veston, une chemise, un pull, ou portée seule avec un jeans, la camisole est essentielle. Faites-en provision.

10

Le t-shirt blanc ou noir
Col rond ou évasé, ces t-shirts complètent jeans ou jupe classique. Assurez-vous d'en avoir toujours sous la main.

COMBIEN ?

4 ROBES Deux pour le travail, une pour les sorties entre amis et une pour les soirées chic.

1 TAILLEUR Classique et quatre saisons, que vous pouvez porter séparément.

2 VESTONS MODE Un pour le bureau, un pour les sorties entre amis.

4 PANTALONS Deux pour le bureau et les soirées chic et deux pour le week-end.

4 JUPES Deux pour le bureau et les soirées chic et deux pour le week-end et les vacances.

3 CHEMISIERS & CORSAGES Pour chaque pantalon et jupe.

3 MANTEAUX Un chic, un sport et un transitoire entre deux saisons.

3 JEANS Une coupe droite, propre et foncée, une coupe décontractée et une coupe à la mode pour les sorties.

4 CHANDAILS (LAINE) deux légers pour le travail, deux plus lourds pour le week-end.

4 PULLS (COTON) Selon la saison: deux camisoles, deux t-shirts, manches courtes ou manches longues.

1 TENUE DE SPORT Pour l'entraînement et votre sport favori.

$$$

Quel budget allouez-vous chaque année pour votre habillement ?

Les spécialistes évaluent que vos dépenses en vêtements représentent entre 6 % à 10 % de vos revenus annuels. Ces chiffres peuvent varier selon le rythme de vie et le type d'emploi (uniforme, travail à temps plein, bureau à la maison, domaine de la construction, des arts...).

LE SECRET DE VOTRE STYLE ?

L'ajustement

Quelques points de couture ici et là transforment un vêtement ordinaire en une pièce de choix. De plus, il vous fait une silhouette de rêve !

DEUXIÈME VIE

Vos vêtements, bottes, chaussures et sacs à main sont quelque peu démodés ou défraîchis ? Confiez-les à des professionnels. Pour quelques dollars, ils leur donneront une deuxième vie.

01. LA COUTURIÈRE

- **Veston, chemisier et manteau** : allonger ou raccourcir la longueur de l'ourlet et des manches; cintrer à la taille; éliminer les épaulettes; remplacer les boutons; modifier l'encolure; amincir la manche du poignet jusqu'à l'emmanchure; transformer une manche longue en manche trois quarts.
- **Robe** : cintrer à la taille et aux hanches; raccourcir ou allonger l'ourlet.
- **Pantalon et jupe** : agrandir la taille (s'il y a du tissu supplémentaire à la taille et aux hanches); amincir la taille et les hanches; ajuster la largeur de la jambe; repandre l'ourlet; fermer les poches latérales et diagonales; transformer un pantalon long en capri ou bermuda.

02. LE TEINTURIER (CUIR)

- **Changer la couleur d'un manteau de cuir**. Pour obtenir un beau résultat, la couleur finale doit être plus foncée que l'originale. Exemple : teindre en noir un blouson de cuir vert.
- **Teindre les chaussures, bottes et sacs à main** (cuir et satin).
- **Redonner de l'éclat** à un vêtement de cuir défraîchi.

03. LE CORDONNIER

- **Effectuer une mise en beauté de vos bottes et chaussures** : cirage, polissage, changement du talon et des semelles extérieure et intérieure.
- **Élargir de quelques centimètres la chaussure** en la plaçant sur une forme.
- **Ajouter une semelle intérieure** pour améliorer le confort.
- **Ajouter une semelle antidérapante** pour éviter de tomber.
- **Changer les élastiques d'une sandale et changer les courroies brisées**
- **Sur une botte** : remplacer une fermeture à glissière; élargir ou amincir le mollet; améliorer son imperméabilité.

LE MAGASINAGE

Pourquoi certaines personnes trouvent-elles toujours, alors que d'autres reviennent bredouilles d'une expédition de magasinage ? Elles ont l'œil, me direz-vous ? Comme n'importe quoi, le magasinage s'apprend. Et avant de courir les magasins, il faut se mettre en mode « recherche » et se préparer comme le fait une styliste.

D'abord, élaborez un budget. Ce montant vous empêchera de faire de folles dépenses. Il fixera également votre choix quant aux boutiques et aux types de vêtements à chercher. On ne magasine pas un t-shirt blanc, un soutien-gorge et un manteau de la même façon.

Ayez en tête la forme de votre silhouette et concentrez-vous sur votre réalité : morphologie, couleur, style de vie. Votre œil s'habituera à ne regarder que les vêtements qui vous font belle.

Être styliste, c'est aussi connaître les tendances du moment. Informez-vous. Cela vous permettra de trouver facilement les éléments clés qui actualisent votre garde-robe : coloris et imprimés de la saison, sac de l'heure... Pour cela, visitez des sites influents de la mode dont www.style.com ou www.vogue.com.

Surtout, prenez plaisir à magasiner. Si cela est une corvée, faites appel à une styliste professionnelle. Certains magasins et centres d'achats offrent gratuitement ce service. Profitez-en !

> Une tendance se fait
> en 3 temps : dès qu'elle sort,
> on s'en moque ; puis,
> on l'apprivoise
> et enfin on l'accepte.

LES 10 RÈGLES POUR MAGASINER COMME UNE PRO

01 O1. **Avoir une idée de ce que vous cherchez** Est-ce que vous cherchez un vêtement, une couleur ou un style en particulier? Avant de partir, jetez un coup d'œil à votre garde-robe et faites-vous une liste des morceaux manquants. Apportez dans une housse les vêtements que vous désirez compléter. Si vous n'en avez aucune idée, feuilletez des magazines ou visitez quelques sites de vos boutiques préférées pour vous inspirer. Vous gagnerez du temps.

02 02. **Rester souple et avoir un plan B** Si vous avez une idée trop précise de ce que vous cherchez, il se peut que vous ne trouviez pas exactement ce morceau de rêve. Vous perdrez beaucoup de temps et d'énergie. Prévoyez toujours un plan B. Gardez l'œil ouvert et acceptez les variantes sans toutefois faire de compromis sur la qualité. Vous ferez ainsi de belles trouvailles. Dans le doute, essayez plein de trucs. Même ceux qui vous laissent indifférente. La mode change. Votre corps change. Et c'est en essayant différents vêtements que vous comprendrez ce qui vous va.

03. **Magasiner seul** Pour être efficace, il ne faut pas se laisser distraire. Oubliez les enfants et l'amoureux! Ce temps est pour vous. Une amie qui partage vos goûts et marche à votre rythme (les pros du shopping ont le pas rapide!) peut vous aider. De plus, traînez toujours un ruban à mesurer dans votre sac à main. Si vous manquez de temps, vous pourrez vérifier que la taille du vêtement correspond à vos mensurations. Vous l'essayerez tranquillement à la maison. Assurez-vous toutefois que le magasin rembourse votre achat s'il ne convient pas.

03

5

04. **Se concentrer** C'est le secret des stylistes. Si vous pensez à votre souper ou au contrat que vous devez signer, vous ne verrez rien et reviendrez bredouille à la maison. Concentrez-vous! Vous cherchez une robe, ne regardez pas les pantalons.

04

05. **Repérer les bonnes couleurs et les bonnes coupes** Ne dépensez pas votre énergie sur des vêtements qui ne vous avantagent pas. Repérez les couleurs qui vous ressemblent, chaudes ou froides (voir la section «Les couleurs», chapitre 2) ainsi que les coupes qui vous mettent en valeur. Si la jupe ballon n'est pas pour vous, n'y prêtez pas attention. Vous sauverez du temps.

06. **S'habiller en conséquence**
Habillez-vous de manière confortable. Prévoyez des chaussures adéquates ainsi qu'un sac à main non encombrant (vous aurez sans doute à transporter plusieurs paquets!). Pensez que vous devrez vous dévêtir souvent et rapidement. Une camisole noire est idéale, car elle permet d'essayer vestes ou chandails sans devoir tout enlever, de même qu'une jupe pour y glisser un pantalon. N'oubliez pas de porter les bons sous-vêtements. Ils donnent une forme aux vêtements et font la différence. Et surtout, oubliez les bottes lacées pour cette journée!

07. **Élargir son territoire de chasse** Découvrez de nouvelles destinations shopping. Ne vous restreignez pas à un centre d'achat en particulier ou à quelques magasins. Sortez des sentiers battus. Poussez la porte des boutiques plus jeunes, plus mode ou plus haut de gamme.

08. **Éviter les heures de pointe**
Pour avoir un meilleur service et ne pas faire la file d'attente à la caisse et aux cabines d'essayage, planifiez votre session de magasinage en matinée ou un soir de semaine. De plus, il vous sera plus facile de trouver un stationnement.

09. **Bâtir une relation** Les conseillers des boutiques sont à votre service. Laissez-les vous guider. En créant une relation de confiance, ils vous aideront à élaborer votre garde-robe selon vos goûts et votre morphologie. Ils deviendront vos alliés.

10. **Soyez positive**
Dites-vous: «je vais trouver!». Et vous trouverez!!!

COMMENT TROUVER LE JEANS PARFAIT

L'achat de jeans s'avère parfois complexe.
On lui en demande beaucoup : il doit être
confortable, polyvalent, faire une belle silhouette.
Voici quelques trucs pour trouver LE jeans
qui saura répondre à vos attentes.

01. LE PRIX

- **Il n'est pas gage de qualité.** Le meilleur denim vient d'Italie et du Japon. Assurez-vous de sa provenance.
- **On ne se le cachera pas, la marque affecte le coût du jeans.** Vous payez donc l'image de prestige de la griffe. Et plus il y a de publicité, plus le prix grimpe.

02. LA GRANDEUR

- **À l'achat, mieux vaut prendre une taille légèrement plus petite** pour que le jeans s'étende et se fasse au corps.
- **L'ajout de fils extensibles donne un meilleur confort au jeans.** Il faut toutefois que le pourcentage soit léger, de 2 % maximum, sinon le jeans sera trop extensible et perdra sa forme.

03. LES POCHES

- **Choisissez la grandeur de poches arrière selon votre silhouette** : de petites fesses demandent de petites poches ; de bonnes fesses demandent de bonnes poches !
- **Les détails sur les poches arrière** (dessins, rabats, couleur contrastée) arrondissent les fesses. Assurez-vous également que la coupe du jeans soit formée pour remonter le popotin.
- **L'absence de poche** crée l'illusion de fesses plus larges.
- **À l'arrière, des poches trop basses** n'avantagent pas la silhouette des femmes. C'est un look !

04. LES HANCHES

- **Pour amincir les hanches**, les poches arrière doivent être rapprochées et placées légèrement en angle vers l'intérieur.
- **Les moustaches**, ces lignes horizontales à la hauteur des hanches qui simulent un effet de vieillissement, accentuent la largeur des hanches.

05. LE VENTRE

- **Pour créer un effet minceur et affiner le ventre**, le tissu des poches avant doit être cousu à la braguette. Ainsi retenu, le coton non extensible des poches retiendra le ventre, et agira comme une gaine.

06. LA JAMBE

- **Les coutures latérales du jeans influencent l'allure de la jambe.** Si elles sont légèrement vers l'avant, elles amincissent la jambe. Placées vers l'arrière, elles créent un style décontracté, tandis qu'au centre, elles donnent un look classique au jeans.
- **Pour élancer la jambe**, la coloration d'un jeans doit être foncée sur l'extérieur et pâle en centre.
- **Un jeans de qualité se reconnaît à son lavage.** L'usure doit être inégale. Les tonalités de bleus doivent se nuancer en dégradés pour simuler le plus naturellement possible l'usure du pantalon. Et comme des rides d'expressions, les lignes doivent être à la bonne place.

07. LA QUALITÉ

• **L'envers du jeans doit être aussi beau que l'extérieur.** Remarquez les coutures. Sont-elles droites et bien cousues? Ces signes démontrent que le manufacturier porte une attention spéciale à la confection et à la finition.

08. LA LONGUEUR

• **Avant de reprendre l'ourlet de votre nouveau jeans, assurez-vous d'avoir la bonne chaussure.** Si vous prévoyez le porter avec des escarpins à talon très hauts, mieux vaut prendre la mesure en portant ceux-ci. Demandez de surpiquer l'ourlet dans la même teinte que l'original. Et s'il présente de l'usure, certaines boutiques offrent le service de reprendre cet effet de vieillissement, et de le reporter sur l'ourlet fraîchement coupé.

TRUC D'ENTRETIEN

Un jeans foncé déteint au lavage. Pour fixer la teinture, ajoutez un peu de vinaigre ou du gros sel dans l'eau. Retournez le jeans à l'envers. Évitez la sécheuse, car la chaleur endommage les fibres extensibles.

RECONNAÎTRE LA QUALITÉ D'UN TISSU

En cuisine, les plus grands chefs vous diront que des ingrédients de qualité sont le secret d'un bon plat. Il en va de même avec les vêtements : un tissu de qualité fait un beau vêtement.

Apprenez donc à différencier les différents tissus et à comprendre leurs composantes.

01. **JERSEY**

Ce tricot est fin et extensible. Il sert entre autres à la fabrication de t-shirts.

- **Un jersey de qualité** doit reprendre sa forme lorsque vous l'étirez.
- **Le coton Égyptien et Mako** (appellation) sont de qualité supérieure. Ils créent un tricot très doux et finement tissé.
- **L'ajout de Lycra dans un jersey de coton** améliore la densité du tricot et lui donne de l'élasticité. Il conserve son éclat et sa forme plus longtemps.
- **Le mélange polyester / coton** est très intéressant, car il donne de la résistance au tricot, sèche plus rapidement et ne rétrécit pas.
- **Le terme mercerisé** signifie que le fil de coton a été débarrassé de ses impuretés. Il est donc plus solide, plus beau mais plus cher.

02. **LAINE MÉRINOS**

Cette laine vient du mouton mérinos. Elle est réputée pour son pouvoir d'absorption. Elle est douce, résistante et extrêmement confortable, car sa chaleur s'adapte à la température du corps. En plus des chandails, on en fait des sous-vêtements de sport et des bas.

- **Pour vous assurer de la qualité de cette laine**, remarquez le nombre de fils ou de plis inscrits sur l'étiquette du manufacturier. Plus le nombre est élevé, plus le prix l'est aussi! Mais le tricot est également plus beau.

03. **LAINE CACHEMIRE**

Elle vient de la chèvre *capra hircus* (la laine Alpaga vient du lama). Il faut compter environ six chèvres pour confectionner un chandail. Cette laine extrêmement douce et luxueuse est aujourd'hui accessible à toutes les bourses (la Chine en est un grand producteur). Il existe plusieurs catégories et sous-catégories de laine cachemire.

- **Méfiez-vous des bas prix**, car il existe beaucoup de contrebande et de fausses étiquettes.
- **La laine cachemire doit être très douce au toucher.** Et cette douceur se remarque lorsque vous portez le chandail pendant des heures. Elle n'irrite pas la peau et demeure confortable en tout temps.
- **Avant d'acheter, retournez le chandail.** La précision des coutures et de la finition est un gage de qualité.
- **Remarquez le tricot** : plus un fil est long, plus le tricot est beau et régulier. Si vous percevez des imperfections, c'est que le fil est court et de mauvaise catégorie.

04. **MODAL** & **LYOCELL**

Ce sont des microfibres de viscose, tissées de façon à améliorer le confort du vêtement. Elles sèchent rapidement, évacuent l'humidité, et sont douces au toucher. Elles sont généralement mélangées à d'autres fibres. Un très bon choix.

QUELLE MARQUE CHOISIR ?

Certains vêtements vous habillent à la perfection.
On jurerait qu'ils ont été taillés pour vous.
Pour d'autres, c'est tout le contraire : rien ne fait !

Généralement, les créateurs de marques populaires dessinent pour une morphologie typique, qui correspond à la silhouette des femmes du pays d'origine. Connaître ces particularités vous guide dans vos achats.

05. VISCOSE, RAYONNE & FIBRANNE

Ces tissus sont créés à partir de la cellulose de bois. Ils sont donc issus de substances naturelles et transformés chimiquement. Ils sont brillants, s'apparentent à la soie, et donnent de la souplesse et de la douceur à un tissu.

- **Ils sont sensibles à la chaleur** et marquent souvent. Vérifiez les coutures.
- **Ces tissus se froissent rapidement.** Recherchez les mélanges : ajout de coton, polyester, Lycra et autres composantes.

06. FIBRE DE BAMBOU

Elle n'est pas directement issue de la plante comme le lin ou le coton. C'est une fibre de cellulose (viscose). On extrait du bambou sa substance constructive des cellules (la cellulose), son amidon et ses protéines. En ajoutant divers produits chimiques, on transforme le tout en solution filable. Les brins de cellulose forment alors un câble que l'on tisse comme du coton.

- **La fibre de bambou est souple, brillante et douce au toucher.** Cinq fois plus absorbante que le coton, elle est infroissable, résiste à la chaleur et garde son éclat après plusieurs lavages.
- **On dit que cette fibre est écologique**, car la plante pousse rapidement et demande peu de soins (eau, pesticides, engrais). Le procédé de transformation nécessite néanmoins plusieurs interventions chimiques.

ORIGINE DE LA MARQUE

Caractéristiques générales

FRANCE Les vêtements de marques françaises sont coupés petits. Ils conviennent à la femme de morphologie I et H (taille non marquée et petite poitrine).

ITALIE (MILAN) Les vêtements sont taillés petits. Ils habillent facilement les femmes de type V (épaules prononcées, poitrines fortes et hanches étroites). Les tricots fabriqués en Italie sont de très haute qualité.

ÉTATS-UNIS Les vêtements confectionnés pour les Américaines sont taillés assez grands. C'est idéal pour les grandes femmes avec rondeurs (hommes aussi). Les griffes californiennes font exception à cause du culte de la minceur : les vêtements sont coupés très petits, sauf pour la poitrine.

ALLEMAGNE Les griffes allemandes habillent la grande femme ainsi que celles qui ont quelques courbes féminines (plusieurs proposent la taille spécialisée petite et plus). Les tissus et les coupes sont généralement de bonne qualité.

CANADA Ces vêtements sont taillés pour la femme avec quelques rondeurs aux hanches. La qualité de la confection est généralement bonne. Le Canada est réputé pour ses manteaux d'hiver.

LES ACCESSOIRES

Impossible de se passer d'accessoires. Ils sont à la silhouette ce que le dessert est au repas : la fantaisie... la touche finale ! Remarquez combien chaussures, sacs à main, bijoux, ceintures, foulards et chapeaux revampent votre tenue. Sans eux, votre style tombe à plat.

Les accessoires ont un pouvoir : celui de métamorphoser en un clin d'œil robes, tailleurs et pantalons. Et le dicton « Changez d'accessoires et vous changerez de style » n'a jamais été si vrai. Aussi, ils actualisent à peu de frais votre garde-robe, la rendant polyvalente, créative et unique. Ayez-en toujours sous la main. Ils sont vos sauveurs lors des matins en panne d'inspiration.

Mais encore faut-il savoir les agencer adéquatement. Dans ce chapitre, vous apprendrez comment les harmoniser à vos tenues. Quelques trucs pour tirer profit de leur effet d'optique vous aideront également à maximiser leur pouvoir d'attraction.

Ne les négligez pas : ils sont la signature de votre style.

Les accessoires sont
votre bouée de sauvetage.
Ces essentiels vous rescapent
des naufrages vestimentaires,
et vous assurent
un style remarquable.

LA CHAUSSURE

Qui n'a pas déjà craqué pour une jolie paire d'escarpins ? La chaussure est de tous les accessoires, celle qui dévoile le plus la personnalité d'une femme. Certaines les aiment hautes et provocantes. D'autres ne jurent que par leur confort et leur simplicité.

Peu importe le modèle que vous adoptez, une chaussure doit être choisie avec soin. On dit que 88 % des femmes achètent leurs chaussures trop petites, préférant l'aspect esthétique au confort. Est-ce votre cas ?

Avant l'achat, remarquez comment la chaussure adhère au sol. Soupesez-la. Pliez-la. Observez la transformation qu'elle fait subir à votre silhouette et à votre démarche. « Une chaussure de qualité doit avoir la perfection d'une équation et la précision millimétrique d'une pièce de moteur », disait le créateur de chaussures André Perugia (1893-1977).

Puis, laissez-vous séduire par l'inclinaison du talon et les courbes de la chaussure. En glissant votre pied dans le décolleté – c'est ainsi que s'appelle son ouverture – vous serez transformée. Car changer de chaussure, c'est aussi changer de style !

LES INCONTOURNABLES

Sans faire comme Imelda Marcos, l'ex-première ministre des Philippines qui possédait au-delà de 3000 chaussures, votre garde-robe ne sera pas complète sans ces chaussures :

01

Une sandale à talon haut
Elle revampe un jeans pour une soirée entre amis et complète l'allure distinguée d'une petite robe noire.

02

Une ballerine
Sans talon et à bout arrondi, cette chaussure s'adapte aux journées où tout va vite. Elle s'accorde autant avec un jeans, un tailleur-jupe qu'avec une robe cocktail.

03

Un escarpin noir
Toujours classique, ce passe-partout se prête à toutes les occasions.

04

Une botte haute
Pour styliser une robe ou glisser sur un jeans. C'est selon !

05

Une chaussure sport
Pour le week-end, la marche et l'entraînement.

LE DUO SAC ET CHAUSSURE

Il y a quelques années, on achetait sac à main et chaussure appareillés. Aujourd'hui, cette façon de faire est désuète.

Ces deux accessoires sont dorénavant distincts. Ils doivent néanmoins avoir quelques compatibilités.

- **Être de couleur complémentaire ou de mêmes tonalités.**
- **Avoir quelques détails similaires** : empiècements métalliques, surpiqûres dorées ou argentées…
- **Définir un style commun** (bohémien, rocker, BCBG) ou opposé (classique et éclectique).

ACHAT FUTÉ

Ne minimisez pas la qualité de vos chaussures. Si leur coût dépasse votre budget, attendez les soldes. Vous pourrez ainsi mettre la main sur des modèles construits avec soin et bénéficier de leur beauté et de leur confort. Elles passeront les années sans se faner, car de belles chaussures se démodent rarement. En plus, les pieds ne changent pas ou à peine de grandeur. L'investissement en vaut donc le coût.

Acheter des chaussures qui font mal aux pieds n'est pas une économie. Fort à parier qu'elles resteront dans leur boîte à croupir au fond du placard. Par contre, un cordonnier peut venir à bout des petits problèmes d'ajustement par l'ajout de semelles ou de coussins adhésifs (voir la section «Deuxième vie», chapitre 6).

VIVE LES TALONS HAUTS !

Pourquoi les femmes aiment-elles tant les talons hauts ? Parce qu'ils donnent des ailes, a dit le créateur de chaussure Pierre Hardy. J'ajouterais qu'ils donnent également mal aux pieds, mais cette torture en vaut mille fois la peine.

Car malgré la torsion des orteils, enfiler une jolie paire de pompes transforme, habille et fait regarder de haut les aléas de la vie. En plus de faire rêver, ces perchoirs font des merveilles à la silhouette. Voyez comment ils la redressent, courbent les reins, sculptent le mollet, et affinent la cheville. Et tandis que votre centre de gravité se déplace vers l'avant, propulsant ainsi le torse, les talons remontent vos courbes callipyges (vos fesses quoi !).

Ce n'est pas tout ! Ces talons à la fois séducteurs et tortionnaires créent une illusion d'optique : ils ajoutent quelques centimètres à la silhouette, allongeant ainsi les jambes comme pour un mannequin et, par le fait même, nous rapprochent des proportions parfaites du fameux nombre d'or (voir le chapitre 1).

Pas mal pour un si petit objet ! Mais comment marcher si haut perchée ? Sur la pointe des pieds. Pratiquez-vous en balançant le poids de votre corps vers l'avant, tout en gardant la tête bien haute.

Vous en prendrez l'habitude !

LE TALON D'ACHILLE

Est-ce que la chaussure est votre talon d'Achille ?
Une femme garderait en moyenne une douzaine
de paires dans son placard. Sauriez-vous tous les
nommer ? Faites le test…

Flâneur / *Loafer* • Salomé / *T-strap shoe* • Sandale compensée / *Wedge* • Richelieu / *Oxford shoe*
Ballerine / *Ballerina* • Tapinois / *Sneakers* • Spartiate / *Leg wrapping sandal* • Talon aiguille / *Stiletto heel*
Nu-pied / *Strappy sandal* • Charles IX / *Mary-Jane* • Mule / *Mule* • Escarpin / *Pump*

---

01. **CHARLES IX** / *MARY-JANE* — 02. **SALOMÉ** / *T-STRAP SHOE* — 03. **TALON AIGUILLE** / *STILETTO HEEL* — 04. **MULE** / *MULE* — 05. **SPARTIATE** / *LEG WRAPPING SANDAL* — 06. **RICHELIEU** / *OXFORD SHOE* — 07. **NU-PIED** / *STRAPPY SANDAL* — 08. **FLÂNEUR** / *LOAFER* — 09. **ESCARPIN** / *PUMP* 10. **SANDALE COMPENSÉE** / *WEDGE* — 11. **BALLERINE** / *BALLERINA* — 12. **TAPINOIS** / *SNEAKERS*

INFORMATION

Si vous désirez plus de
renseignements sur la chaussure,
le gouvernement du Québec
propose l'ouvrage *Vocabulaire de
la chaussure* de Céline Dupré (1982).
Vous pouvez également le consulter
sur le site : http :// www.olf.gouv.
qc.ca / RESSOURCES / bibliotheque /
dictionnaires / 1982_chaussure.pdf

VOUS NE SAVEZ PAS QUOI PORTER ?

Choisissez d'abord votre chaussure. Elle guidera votre choix vestimentaire.

C'est ce que font certains créateurs de mode : ils conçoivent leur collection en fonction des modèles de chaussure. Car la hauteur du talon, l'ouverture du pied, la couleur et la texture de la chaussure déterminent la silhouette d'un vêtement.

COULEUR PASSE-PARTOUT

Quelles couleurs de chaussures peut-on porter avec un tailleur blanc, un pantalon rouge ou une jupe verte ?

Rien de plus polyvalent qu'une chaussure dorée, argentée ou bronze. Ces teintes métalliques (mates ou brillantes) s'agencent avec presque toutes les couleurs du spectre. Pour la saison estivale, misez sur une sandale ou une ballerine de l'une de ces teintes. Succès garanti !

L'ART DU CIRAGE

Une chaussure propre et bien cirée est un gage d'élégance.

Certains font même un rapprochement entre l'état d'une chaussure et la personnalité de son propriétaire. Ne prenez pas de risque. Quelques coups de chiffon avant de partir vous garantissent une allure impeccable. Et pour conserver leur éclat d'origine, pensez à les entretenir adéquatement. N'oubliez pas de faire subir ce même traitement à vos sacs à main. Ils le méritent.

01. **Éliminez toutes traces de poussière** avec une brosse ou un chiffon propre.
02. **Appliquez le cirage avec un chiffon doux et propre**, en l'étalant de manière circulaire, sur toute la surface de la chaussure ou du sac. Pour raviver la couleur, choisir une teinte légèrement plus pâle.
03. **Mouillez le chiffon d'une goutte d'eau froide** pour « glacer » le cirage.
04. **Laissez sécher puis brosser** énergiquement pour que le cirage pénètre bien le cuir (brosse souple).
05. **Passez un chiffon doux et propre** pour faire reluire le cuir. Plus vous frottez, plus le cuir brillera.

TRUC Pour appliquer le cirage et frotter le cuir, utilisez un vieux bas de coton blanc. Insérez-y la main. Ils vous serviront de gant.

POUR EN FINIR AVEC LE CALCIUM

Pour minimiser les dommages causés par le calcium, vous devez nettoyer les taches rapidement (et non à la fin de l'hiver !). Aussi, oubliez les nettoyants commerciaux. Le vinaigre pur est le meilleur nettoyant contre le calcium !

01. **Appliquez le vinaigre** sur les taches de calcium, et brossez la saleté en mouvements rapides vers le bas pour ne pas étendre le calcium.
02. **Puis, rincez à l'eau chaude** et essuyez avec un chiffon propre.
03. **Une fois séchée, vaporisez la botte** de protecteur.

PETITE ANECDOTE

Pour retrouver l'éclat du cuir, ma grand-mère avait l'habitude de frotter ses bottes avec l'intérieur de vieilles peaux de banane pour ensuite les polir d'un chiffon sec ! Une solution économique, écologique et rigolote. Faites le test !

L'ACCORD PARFAIT

Ce n'est pas tout d'être belle et confortable.
Une chaussure doit également avantager
votre silhouette et compléter le volume créé
par vos vêtements.

01. SEMELLE

● **Polyvalente, la chaussure à semelle compensée** se coordonne aussi bien aux jupes qu'aux pantalons. Elle est très confortable, car le poids du corps repose sur la surface entière du pied.

● **Les semelles de liège et de cordes** complètent joliment les pantalons et jupes d'été de couleurs pâles.

● **Une semelle plate-forme** donne de la hauteur à la chaussure sans la cambrer. Mais cette semelle est parfois massive. Attention : elle peut alourdir la jambe.

02. COULEUR

● **Une chaussure blanche** capte l'attention, coupe la jambe et élargit le pied. Mieux vaut choisir une nuance de beige qui allonge la jambe ou une teinte métallique passe-partout (dorée, argentée, bronze).

● **Pour affiner la jambe**, coordonnez la couleur du collant à celle de la chaussure.

● **Une chaussure légèrement plus foncée** que le pantalon (ou le collant) est toujours plus seyante.

03. TALON

● **Un pantalon étroit** s'accorde mieux avec un talon de hauteur moyenne ou plate.

● **L'ourlet d'un pantalon** doit toucher le sol ou se terminer à la mi-hauteur du talon. Si on désire créer l'effet de pantalon court, on coupe l'ourlet à la cheville.

● **Pour avantager votre silhouette**, la largeur du talon doit être proportionnelle à celle de vos jambes.

04. BOUT

● **Le bout pointu** allonge et amincit le pied ; l'arrondi le rétrécit et le féminise tandis que le carré l'élargit. Ce dernier est cependant la forme la plus confortable.

● **Toutes les formes sont à la mode.** Réservez toutefois vos chaussures à bout pointu pour les tenues chic.

● **Le bout ovale** est la forme la plus polyvalente. Il avantage la plupart des silhouettes et se coordonne aisément aux tenues de jour et de soir.

05. DÉCOLLETÉ

● **Une chaussure fermée** coupe la jambe. Elle donne une allure sport à la silhouette. Ne la portez pas avec une jupe, mais plutôt avec un pantalon.

● **Pour allonger la jambe, choisissez une chaussure largement décolletée** (pour plus d'élégance, la naissance des orteils doit être couverte).

● **Pantalon noir et chaussure noire** : doit-on porter un bas ? Non, si le vêtement dénude une partie de votre corps (exemple : le bras). Dans le cas contraire, portez un bas noir, diaphane (le soir) ou opaque (le jour).

LE SAC À MAIN

Votre sac à main est votre plus fidèle compagnon. Accolé à votre hanche, glissé sous votre bras ou pendu à votre main, il vous suit partout, renfermant vos biens les plus précieux. De tous les accessoires, il est celui qui affiche les formes les plus singulières, vous créant ainsi un style unique.

Son rôle est prédominant. Mis à part sa fonction pratique, le sac à main en dit long sur votre personnalité. D'ailleurs, de nombreux psychiatres dont Freud font un rapprochement entre la forme du sac et vos parties intimes. Ils prétendent même qu'il dévoilerait certains de vos grands secrets. Méfiez-vous !

Pratique ou symbolique, votre sac à main va au-delà du simple accessoire. Avec lui, vous transportez non seulement vos effets, mais affichez vos goûts et votre mode de vie. Insensible au passage du temps ou aux fluctuations de corps, il est toujours au-devant de vous, sur une table ou à vos genoux, complétant fièrement chacune de vos tenues.

Ne le négligez pas : il est votre carte de visite.

LES INCONTOURNABLES

Votre placard renferme certainement plusieurs sacs que vous avez amassés au fil des ans. Mais sont-ils à la hauteur de vote style actuel ? Voici les modèles dont vous ne sauriez vous passer :

01

Un sac de jour
Fait de cuir souple, de taille moyenne et de couleur neutre ou voyante, il complète vos tenues de ville et de week-end.

02

Un sac de soirée
Pochette ou petit format, ce sac est fait de satin ou de cuir lustré incrusté de pierre. Réservez-le aux soirées mondaines et sorties chic.

03

Un sac tendance
Grand ou petit, ce sac s'accorde aux tendances de la saison. Il est généralement extravagant et actualise vos tenues.

04

Un fourre-tout
Sac grand fait de toile, de vinyle ou de cuir, qui vous suit partout en voyage ou au gym.

05

Un sac classique
Inspiré des sacs légendaires, il est de forme et de couleur classiques. Il se porte en guise d'accessoire élégant, en harmonie avec un tailleur ou un autre vêtement structuré. Il revampe également un simple jeans et t-shirt blanc.

TRUC OPTIQUE

Pensez à positionner votre sac pour qu'il avantage votre silhouette. Si vous avez une forte poitrine par exemple, évitez de le porter sous votre bras. Pour diminuer la présence des hanches, placez le sac bien haut, loin de celles-ci.

DIS-MOI QUEL SAC TU PORTES, JE TE DIRAI QUI TU ES.

On dit que le sac à main est le reflet de votre personnalité. Voici donc un petit test élaboré d'après les propos de Freud. Amusez-vous à analyser le vôtre.

01. LE SAC MONOGRAMMÉ
(MARQUÉ DU LOGO DE DESIGNERS)

- **Exprime un besoin de bien paraître et de montrer sa réussite sociale** (mode popularisée dans les années 80 avec la femme de pouvoir).
- **Établit la classe sociale** et l'appartenance à un groupe.
- **Peut trahir un manque d'indépendance.**

02. LA COPIE

- **Démontre un besoin d'appartenance à un groupe** et suggère une recherche d'identité.
- **Soumission** (besoin de suivre la tendance).
- **Manque d'originalité** et d'authenticité.
- **Le sac devient une façade.**

03. LE FORMAT GRAND SAC

- **Dénote de la prévoyance** (elle a tout à sa portée de main), **mais aussi de l'insécurité** (elle a peur de manquer de quelque chose).
- **Exprime de la sensibilité et de la compassion** (elle pense aux autres).
- **Témoigne d'une confiance et d'une personnalité extravertie.**

04. LE SAC EXAGÉRÉMENT GRAND

- **Suppose un trouble obsessif.**
- **Besoin d'attirer l'attention** (super extraverti).
- **Compense pour un manque** (comme les hommes font avec les voitures).

05. LE FORMAT PETIT SAC

- **Exprime la timidité.**
- **Dénote la confiance et l'affirmation de soi** (elle est heureuse avec peu).
- **Définit une personne organisée et ponctuelle.**

06. PAS DE SAC
(ELLE TRAÎNE SON ARGENT ET CARTES DANS SES POCHES)

- **Suggère un manque d'originalité** ou un manque de temps.
- **Recherche de la liberté** (elle ne veut pas d'attache).
- **Tendance au féminisme.**

07. LE FORMAT MOYEN

- **Témoigne d'un équilibre et d'une confiance en soi** (si le sac se remarque).
- **Indice d'une recherche de style ou d'un manque d'audace** (si le sac est neutre).
- **Définit une personne rationnelle et équilibrée.**

08. GARDE LE MÊME SAC DEPUIS DES ANNÉES

- **Manque de créativité.**
- **Suppose un attachement profond** aux personnes ou aux objets.
- **Peur du changement.**
- **Définit une personne cartésienne et conservatrice.**

09. ELLE CHANGE TOUJOURS DE SAC

- **Dénote une personnalité vive et changeante.**
- **Définit une personne créative et intuitive.**
- **Peut trahir de l'instabilité.**

10. L'INTÉRIEUR DU SAC EST PROPRE ET BIEN RANGÉ

- **Définit une personne cartésienne, méthodique et rationnelle.**
- **Personne ordonnée et ponctuelle.**
- **Elle aime contrôler les situations.**
- **Dénote de la compassion.**

11. L'INTÉRIEUR DU SAC EST UN FOUILLIS

- **Personne affairée** (elle a mille trucs à faire).
- **Recherche d'un équilibre émotif.**
- **Définit une personne sensible** parfois irrationnelle.
- **Relations parfois tumultueuses.**

SACRÉS SACS !

Certains sacs ont marqué l'histoire. Ces objets aux formes légendaires conçus par les plus grandes maroquineries et maisons de couture continuent, année après année, d'influencer la mode.

Sauriez-vous reconnaître ces grands classiques ? **Le Birkin d'Hermès • Le Premier Flirt de Lancel • Le Speedy de Louis Vuitton • Le Kelly d'Hermès • Le Lady de Dior • Le 2.55 de Chanel**

01

02

03

04

05

06

01

**Le Kelly
d'Hermès** (1956)
Sac à courroie de forme trapézoïdale, baptisé Kelly en l'honneur de l'actrice et princesse de Monaco, Grace Kelly. Il a été popularisé alors qu'elle le portait devant son ventre pour cacher, dit-on, sa grossesse, sur la photo de couverture du magazine *Life*.

02

**Le 2.55
de Chanel** (1955)
La date de sa création en février 1955 marque son nom. Il est doté d'une poche secrète afin d'y dissimuler des mots doux.

03

**Le Lady
de Dior** (1995)
Ce petit sac fut baptisé Lady lorsque Mme Chirac offrit ce sac à la princesse Lady Diana à l'occasion de sa venue à Paris.

04

**Le Speedy
de Louis Vuitton** (1933)
Il est la version réduite d'un sac de voyage. Le Speedy est fait de toile monogramme. Sa forme est arrondie. En le portant, l'actrice Audrey Hepburn l'a propulsé au rang de sac mythique.

05

**Le Birkin
d'Hermès** (1984)
Ce sac est une demande spéciale de l'actrice Jane Birkin qui désirait un modèle élégant et pratique pour y ranger ses livres lorsqu'elle prenait l'avion.

06

**Le Premier Flirt
de Lancel** (1960)
Cette réinterprétation du sac Seau – 1876 — a incarné la nouvelle génération des années 60, faisant l'effet d'une bombe.

L'ACCORD PARFAIT

Choisir le bon sac à main qui s'adaptera
aussi bien à votre mode de vie qu'à
votre silhouette n'est pas chose facile.
Aussi, son achat demande
quelques précautions.

01. FORME

• **Idéalement, la forme de votre sac doit être à l'opposé de celle de votre corps.** Si par exemple vous êtes de type H, mieux vaut choisir un sac de formes arrondies pour adoucir vos courbes.

• **Ce principe toutefois ne s'applique pas aux vêtements**: un tailleur structuré se coordonne à un sac de formes rigides (style Birkin d'Hermès); une tunique vaporeuse s'accorde à une poche de cuir souple.

• **Un grand sac avantage la silhouette d'une grande femme**; un petit sac s'accorde mieux à la taille d'une petite femme.

02. COURROIES

• **La courroie enjolive vos épaules et crée un effet d'optique.** Si elle est trop mince, elle peut accentuer la largeur de celles-ci ou les couper. Pensez-y!

• **Attention: un sac muni de deux courroies est souvent inconfortable**, car la deuxième courroie a tendance à glisser. Faites le test avant d'acheter.

• **La longueur de la courroie peut influencer votre silhouette.** Si elle est trop longue, demandez au cordonnier de l'ajuster à votre taille.

• **Des chaînes en guise de courroie remplacent les bijoux.** Ne surchargez pas la silhouette de colliers et boucles d'oreille si vous portez un tel sac.

03. COULEUR

• **Pour compléter vos tenues estivales, misez sur un sac de couleurs métallisées bronze, dorées ou argentées.** Faciles à coordonner, elles sont une alternative aux blancs et beiges classiques.

• **Rien de mieux qu'un sac à main coloré** (rouge, violet, fuchsia) **ou imprimé** (rayure, carreaux, motifs animaliers) pour donner de l'éclat à une tenue tristounette.

• **Pour créer de l'harmonie, n'utilisez jamais plus de trois couleurs.** Pour s'agencer à un imprimé, le sac doit reprendre l'une des teintes qui le composent.

• **Noir ou brun?** Le noir s'applique à la ville et symbolise l'élégance et la modernité. Le brun évoque la campagne et se réfère aux traditions et à l'authenticité.

04. INTÉRIEUR

• **L'intérieur du sac est aussi important que son allure extérieure.** Il doit s'adapter à votre rythme de vie: poches de rangement, fermetures sécuritaires, ouverture assez grande pour faciliter l'accès.

LA CEINTURE

Bien que pratique, la ceinture vous aide à l'élaboration de votre garde-robe. Cet accessoire qui cintre si bien la taille et les hanches vous permet de transformer rapidement un vêtement ordinaire en une tenue stylisée. Une ceinture brune par exemple sur un cardigan écru ajoute du caractère à l'ensemble.

Aussi, voyez comment cette bande de cuir module votre silhouette. L'effet d'optique créé par cette lanière placée à l'horizontale allonge, amincit, accentue ou atténue la morphologie. Sa largeur est déterminante. De même que sa couleur et sa texture. Exemple : une ceinture en cuir verni noir accentue la taille alors que le même modèle en cuir mat la creuse.

La boucle joue également les trompe-l'œil. Encore plus si la lanière est elle aussi décorée. Tel un bijou, cette ceinture devient le point de mire de la silhouette et modernise un vêtement.

Vos ceintures sont des accessoires de taille !

LES INCONTOURNABLES

Une ceinture ne se démode pas. Aussi, ne craignez pas d'investir sur cet accessoire qui revampe toutes tenues. D'ailleurs, pourquoi ne pas attendre les rabais saisonniers pour mettre la main sur quelques ceintures de qualité ? L'achat en vaut le coût.

01

Deux ceintures classiques (noire et brune) de largeur moyenne
Pour se fondre aux vêtements.

02

Une ceinture avec boucle décorative
Pour donner de la vie aux robes, veston et jupes. Sa largeur et sa couleur varient selon votre morphologie. Elle peut être formée de chaînes, tel un bijou.

03

Une ceinture sport colorée ou texturée
Elle accompagne les jeans et autres pantalons sport.

04

Une ceinture-écharpe ou une obi
Faits de tissu ou de cuir souple, ces modèles de ceinture agrémentent les robes, chemisiers et chandails. On peut utiliser un foulard en guise de ceinture-écharpe (sash en anglais).

LE POINÇON

J'utilise fréquemment cet outil spécialement conçu pour perforer le cuir. Composé d'une roulette munie de cylindres tranchants, le poinçon m'est fort utile pour ajouter quelques trous supplémentaires à une ceinture.

Je vous le recommande. Il vous sauvera temps et argent. Vous trouverez cet outil indispensable chez le cordonnier.

L'ACCORD PARFAIT

Généralement, la lanière d'une ceinture s'attache au troisième trou, pour laisser un excédant d'environ 11 à 15 cm (4 à 6 po) de la boucle. Ceci équilibre sa forme et permet d'insérer facilement la lanière dans la ganse du pantalon. Assurez-vous aussi d'acheter la bonne grandeur. Si elle est trop grande, vous pouvez ajouter quelques trous à l'aide d'un poinçon à cuir. Sinon, demandez l'aide d'un cordonnier. Il ne vous en coûtera que quelques dollars pour ajuster la ceinture à votre taille.

01. MODÈLE

• **La ceinture de largeur moyenne est la plus polyvalente** (4 cm / 1$^{1/2}$ po). Elle avantage la plupart des silhouettes.

• **Si vous désirez porter votre ceinture aux hanches**, assurez-vous qu'elle soit courbée. Ainsi formée, elle épousera vos hanches.

• **Une ceinture large** convient aux femmes dont le torse est long.

• **Les petites femmes sont avantagées par les ceintures étroites, en ton sur ton**, car elles ne coupent pas la silhouette.

• **Pour camoufler un ventre arrondi**, portez votre ceinture sur les hanches, légèrement surélevée à l'arrière.

• **Si vous avez une forte poitrine**, évitez de ceinturer votre taille par de larges ceintures. Portez-les plutôt sur vos hanches.

02. COULEURS & TEXTURES

• **Les couleurs foncées et mates** amincissent la silhouette.

• **Pour allonger la silhouette**, optez pour une ceinture de la même couleur que votre vêtement.

• **Une ceinture décorée ou de couleurs contrastantes attire les regards.** Profitez-en pour styliser une tenue, accentuer la finesse de votre taille ou élargir vos hanches.

• **Évitez de porter une ceinture de la même couleur ou de la même brillance que celle de la chaussure** (exemple: ceinture et chaussure de cuir vernis noirs). Recherchez plutôt les nuances de couleur et de matière: ceinture noire mate et chaussures de cuir verni noir.

03. BOUCLE

• **Si la boucle de la ceinture est richement décorée**, évitez de surcharger la silhouette de colliers. Une boucle scintillante aux oreilles équilibrera la silhouette.

• **Pour allonger la silhouette**, la boucle de la ceinture écharpe se noue sur le côté avant. Laissez pendre les extrémités sur le long de la jambe.

• **Une boucle discrète amincit la silhouette.**

LE CHAPEAU

Le chapeau est l'accessoire le plus facile à porter. On le met sur la tête et voilà. Mais il est aussi le plus difficile à assumer. Par sa forme, sa couleur et l'image qu'il projette, le chapeau ne pardonne aucun faux pas: soit il crée un look d'enfer, soit il détruit le style et la silhouette.

Un chapeau s'apprivoise. Il se choisit. Aussi, oubliez l'expression: tête à chapeau. Capeline, cloche, fedora, canotier, béret, il existe autant de modèles qu'il y a de formes de visage. Il vous suffit de trouver le bon: celui qui vous fera belle et magnifiera vos tenues.

Remarquez comment tel chapeau marque l'élégance, l'audace et le caractère. Ne le réservez plus qu'à la plage ou pour les froides journées d'hiver. Sortez-le des sentiers battus et osez le porter avec un jeans et cardigan, un trench ou une robe de tous les jours. Il parachèvera votre style. Et croyez-moi: aucun accessoire n'a le pouvoir de susciter pareille admiration.

Il est le complément plus-que-parfait à la silhouette.

TOUR DE TÊTE

Un chapeau trop grand tombe sur les yeux. S'il est trop petit, il couvre à peine le front. Aussi, assurez-vous d'acheter la bonne taille.

À l'aide d'un gallon à mesurer — ou d'une ficelle que vous mesurez par la suite —, prenez la circonférence de votre tête au niveau du front. Attention de ne pas serrer le ruban. Si la mesure se situe entre deux tailles, prenez la plus grande.

TAILLE	XS		S			M			L		XL	
Po	20 3/4	21	21 1/2	22	22 1/2	22 3/4	23		23 1/2	24		
Cm	53	54	55	56	57	58	59		60	61		

ENLEVEZ CE CHAPEAU, S'IL VOUS PLAIT !

Il y a quelques décennies à peine, il était inconcevable pour une femme de sortir « en cheveux », c'est-à-dire sans chapeau. Depuis, les mœurs ont bien changé. La politesse est cependant toujours de mise :

- **Une femme enlève son chapeau** pour passer à table lors d'un dîner de soirée. Elle le garde, par contre, pour un déjeuner ou un cocktail s'il est assorti à sa tenue.
- **Pour ce qui est des casquettes et des chapeaux sport** (tuques, bonnets de laine), la politesse veut qu'on les retire lorsqu'on passe à table, en tout temps.

S.O.S CHAPEAU

Pas le temps pour une mise en pli ? Enfilez vite un chapeau. Il est votre planche de salut pour dissimuler des cheveux mal coiffés.

LA MODE DE
KARINE VANASSE,
ACTRICE
ET ANIMATRICE

« Je sens que mon style se définit avec l'âge. Avant, je n'osais pas jouer avec la mode. Aujourd'hui, je m'amuse. J'ai compris qu'il n'y a rien de mal à avoir un beau look. Ce n'est ni de la prétention, ni de la vanité. Il faut seulement s'assurer que le vêtement, l'accessoire, la couleur te vont bien. Après il faut l'assumer. Le chapeau, par exemple, est imposant. Mais il donne de l'attitude et crée un look instantanément. J'adore cet accessoire. »

VRAI OU FAUX

Questions

01. **Le bob** est un couvre-chef souple en tissu, en forme de cloche dont la calotte est formée de quatre côtés et dont le bord est surpiqué.

02. **La capeline** est un chapeau à large bord.

03. **Le chapka** est originaire du Canada.

04. **Le chapeau cloche** se nomme ainsi en l'honneur des religieuses qui le portaient pour faire sonner les cloches dominicales.

05. **Le canotier** désigne un chapeau haut-de-forme.

06. **Le fedora** est un chapeau masculin.

07. **Le trilby** est un autre nom pour désigner le chapeau melon.

08. Dans le film culte *Bonnie and Clyde* (1967), l'actrice Faye Dunaway porte **un chapeau cloche**.

09. La journaliste montréalaise Francine Grimaldi est reconnue pour porter **la toque**.

10. **La casquette** est originaire des États-Unis.

Réponses

01. <u>VRAI</u> Le bob était très porté dans les années 60 et 70. Le bord se porte baissé ou relevé à la manière des matelots dont le bob s'inspire.

02. <u>VRAI</u> La capeline se compose d'une calotte formée – partie qui couvre la tête – et d'un bord souple, plat et circulaire. La capeline est souvent faite de paille ou de matière légère et sert de chapeau soleil.

03. <u>FAUX</u> La chapka, ce bonnet d'hiver fait de fourrure avec oreillettes rabattables vient de Russie. Il convient autant aux hommes qu'aux femmes.

04. <u>FAUX</u> Le chapeau cloche porte son nom en l'honneur de sa rondeur qui rappelle celle d'une cloche. Ses bords sont rabattus pour ombrager le visage. Il était très populaire dans les années 20.

05. <u>FAUX</u> Le canotier a une calotte plate et peu élevée. Son bord est également plat et d'égale largeur tout autour. Il est souvent décoré d'un large ruban.

06. <u>VRAI</u> Le fedora également appelé Borsalino — nom du fabricant italien — est fait de feutre et présente un large bord parfois rabattu sur le côté. Il existe en version féminine.

07. <u>FAUX</u> L'appellation trilby désigne le chapeau d'homme à bord étroit et souple. Il est aujourd'hui porté par de nombreuses femmes, dont Karine Vanasse sur la photo. Le trilby a été popularisé par les musiciens de jazz ainsi que par l'inspecteur Clouseau, interprété par Peter Sellers.

08. <u>FAUX</u> Faye Dunaway porte un béret noir, cette coiffe de laine souple.

09. <u>FAUX</u> Francine Grimaldi porte le turban, cette coiffure formée d'un long bandeau de tissu drapé qui emboîte la tête en dégageant le front. La toque est un chapeau cylindrique sans bord. Elle a été féminisée à la fin des années 50 et baptisée « Pillbox » (boîte à pilules). Elle se porte à l'arrière de la tête et fut créée spécifiquement pour Jacqueline Kennedy, première dame des États-Unis de cette époque.

10. <u>FAUX</u> La casquette est née en Ukraine et était réservée à la classe laborieuse. Elle est devenue unisexe par le biais du sport, puis exclusive à la jeunesse des années 60 (casquette gavroche de forme plate à six pointes). La casquette de baseball s'est popularisée dans les années 80.

L'ACCORD PARFAIT

Un chapeau est semblable au jeans. Il doit prendre les plis et se fondre à la silhouette. N'ayez pas peur de manipuler votre chapeau. Pour le faire vôtre, donnez-lui du style : cassez les bords, inclinez-le d'un côté ou de l'autre, écrasez un peu la calotte si elle est trop haute. Ainsi formé, votre chapeau ne sera plus déposé sur votre tête. Il s'intégrera à votre silhouette en créant une synergie. C'est ça le secret !

01. TAILLE

• **Votre chapeau ne doit jamais excéder la largeur de vos épaules.**
• **Pour allonger la silhouette**, choisissez un chapeau dont la calotte est surélevée.
• **Si vous êtes petite de taille**, une capeline (à bords larges) peut écraser votre silhouette. Optez plutôt pour un modèle étroit.

02. FORMES

• **Visage en longueur** : vous devez casser la ligne directrice de votre visage. Vos choix : béret, canotier, capeline.
• **Visage carré** : cherchez à arrondir la structure de votre visage par un chapeau de forme ronde. Vos choix : cloche, melon, capeline.
• **Visage rond** : jouez l'asymétrie en repliant les bords ou en inclinant le chapeau, pour briser l'arrondi de votre visage. Vos choix : fedora, trilby, béret, canotier.
• **Pour créer du volume**, évitez d'attacher vos cheveux. Donnez-leur du mouvement. Ce détail équilibrera votre silhouette.

03. COULEURS ET TEXTURES

• Le chapeau encadre votre visage. **Assurez-vous que la teinte s'accorde à celle de votre teint** (voir la section « Les couleurs », chapitre 2).
• **Si votre peau est lustrée**, mieux vaut choisir une matière mate comme le coton pour ne pas accentuer sa brillance.
• **Un imprimé bigarré accentue les rides.** Méfiez-vous !
• **La couleur de votre chapeau ne doit pas être de la même teinte que celle de vos cheveux** afin de marquer une différence.
• **Un chapeau coloré attire l'attention vers le haut de votre corps.**

LES BIJOUX

Les bijoux sont les meilleurs amis des femmes. Ils entretiennent une relation intime avec le corps et deviennent une extension à leur personnalité.

Laissez donc ces petits objets précieux ou fantaisistes devenir partie intégrante de votre style. Leur pouvoir est grand! Bien choisis, ils agiront en véritable trompe-l'œil en plus d'attirer regards et compliments. Aussi, rien de mieux qu'un long collier décoré d'un pendentif pour allonger votre silhouette et amincir votre carrure. Ou de magnifiques boucles d'oreille pour réveiller l'éclat de votre visage.

Multipliez les rangs d'un collier et jouez avec les longueurs à la façon de Coco Chanel. Cette créatrice de mode qui s'amusait à mélanger vrais et faux bijoux a fait de cet accessoire de fantaisie le symbole de l'élégance.

À vous d'en faire le vôtre!

LA BEAUTÉ DES PERLES

Porter un collier fait de bave de mollusque, ça vous dirait ? C'est ce que sont les perles : une accumulation de sécrétions visqueuses qui se nomme nacre. C'est en enrobant un grain de sable ou un élément déposé par l'homme que le mollusque forme une perle. Et leur lustre relève de la qualité et de la quantité de cette nacre sécrétée par le mollusque pour neutraliser le corps étranger introduit dans sa coquille.

Plus la nacre est épaisse et brillante, plus la perle a de la valeur. En général, les perles d'eau de mer comme la perle Akoya (blanche classique) sont plus brillantes que les perles d'eau douce. Malgré tout, cette couche composée de cristaux de carbonate de calcium est très fragile. Mal entretenue, elle se dégrade et ternit à jamais.

Prenez quelques précautions afin de ne pas abîmer la nacre de vos perles :

• **Ne portez pas vos perles sous la douche**, dans le bain ou à la piscine. Bien qu'elles proviennent du monde aquatique, elles ne supportent pas l'eau chlorée.

• **Évitez qu'elles entrent en contact avec du parfum ou de la laque pour cheveux.** Les produits de beauté (fond de teint, poudre, crème) peuvent également endommager la nacre.

• **Mettez vos perles à la dernière minute !**

• **Lorsque vous enlevez vos perles, nettoyez-les immédiatement** avec un chiffon légèrement humide. Les traces de saleté auront moins de temps pour incruster la surface poreuse de la perle.

• **Évitez les boîtes à bijoux fourre-tout !** Rangez-les dans une pochette individuelle pour ne pas qu'elles s'entrechoquent avec les autres bijoux.

• **Pour les laver, utilisez un chiffon doux et humide.** Il est très important de bien sécher chaque perle pour ne pas que le fil reste humide et se dégrade.

ÉCONOMISEZ !

Acheter quelques bijoux de fantaisie inspirés des tendances de la saison (collier de billes de bois, anneaux créoles, bracelets de fils tressés, pendentif sur ruban) est une façon rapide et économique d'actualiser vos tenues de l'an dernier.

COUP D'ÉCLAT

Pour nettoyer les colliers de fantaisie, les pierres précieuses et semi-précieuses, frottez-les avec une brosse à dents à poils souples, imbibée d'eau et de bicarbonate de soude. Rincez et séchez. Ils retrouveront leur éclat.

LA BOÎTE À BIJOUX

Qu'ils soient précieux ou en toc, les bijoux sont
indispensables à l'élaboration de votre style.
Voici un aperçu de ce que devrait renfermer
votre boîte à bijoux.

01.D

01.C

02.C

01.B

03.A

02.A

04

01.A

02.B

03.B

03.B

01

Les boucles d'oreille

01. A Des petites boucles d'oreille « accroche lumière »
Une perle, un diamant (vrai ou faux), une sphère d'or ou d'argent sont à la boîte à bijoux ce qu'est la petite robe noire à la garde-robe. Elle s'adapte à toutes les occasions. Un must !

01. B Des anneaux
Grands ou petits, les anneaux donnent une touche de vacance à la silhouette. Ils créent une perspective qui arrondit le visage.

01. C Des pendants d'oreille
De fantaisie ou classique, les pendants accompagnent les vêtements décolletés.

01. D Des boucles d'oreilles extravagantes
Pour compléter vos tenues de soirée ou donner une note glamour à un jeans et t-shirt blanc.

02

Les colliers

02. A Une chaîne délicate (avec ou sans pendentif)
Accroche lumière, cette chaîne se porte en tout temps. Sa longueur varie selon votre silhouette et vos vêtements.

02. B Un collier au cou
Sa composition varie selon votre style. Le collier de perles est le plus polyvalent. Il complète autant une robe noire qu'un simple t-shirt blanc.

02. C Un collier spectaculaire
Pour les journées en panne d'inspiration, il stylise une tenue en un clin d'œil et attire les regards.

Un sautoir (page suivante)
Ce long collier généralement fait de billes s'accorde aisément à toutes les tenues.

03

Les bracelets

03. A Un bracelet spectaculaire
Pour moderniser une tenue. Idéal pour accompagner les vêtements sans manches. De plus, sa présence accentue la finesse des poignets.

03. B Deux montres
Une pour le jour et une pour le soir.

Un semainier
Amusez-vous à enfiler différemment ces sept anneaux minces que forme le semainier. Ils créent un mouvement au poignet. Leur forme est classique.

04

Les bagues

04. Une bague Wow !
Une bague cocktail ou cabochon, pour accrocher les regards et compléter les tenues stylisées.

Une bague classique
Alliances ou bagues passe-partout qui ne quittent jamais la main.

L'ACCORD PARFAIT

Peu importe le prix, vos bijoux interagissent
sur l'éclat de votre teint et l'allure générale
de votre silhouette. Pour être en harmonie avec
votre morphologie, leurs formes et leurs longueurs
doivent s'apparenter aux vôtres. La teinte
des métaux doit aussi correspondre à votre
palette de couleurs.

01. COLLIERS

- **Les longues chaînes, pendentifs et sautoirs** avantagent les femmes qui ont un cou et un torse courts ainsi que des épaules tombantes.
- **Par contre, si vous avez une forte poitrine**, mieux vaut choisir un collier qui descend de 3 à 4 po (8 à 11 cm) sous la ligne du cou (longueur totale du collier : 18 à 20 po ou 46 à 51 cm).
- **Donnez du style à votre tenue** en portant plusieurs variétés de colliers et de chaînes à la fois, comme le faisait Coco Chanel (perles, chaînes, rubans, pendentifs...).
- **Pour avantager la silhouette**, un long collier doit descendre de 3 à 4 po (8 à 11 cm) sous la ligne des seins.
- **Pour enjoliver les visages ronds**, misez sur les colliers en V, idéalement munis d'un pendentif.
- **La nacre des perles blanches (ou ivoire)** donne de l'éclat au teint et illumine le regard.

02. BOUCLES D'OREILLE

- **La perle est la matière la plus flatteuse.** Placée aux oreilles, elle crée une perspective triangulaire (blanc des yeux, blanc des dents et blanc de la perle). Elle avantage toutes les formes de visage.
- **Un pendant d'oreilles accentue la mâchoire.** Idéal pour les visages ronds.
- **Pour remonter les traits du visage**, misez sur une boucle d'oreille collée aux lobes. Un lift sans chirurgie !
- **Une boucle d'oreille spectaculaire peut éteindre le regard.** Pensez à maquiller davantage les yeux si vous portez un tel bijou.
- **Une boucle qui ondule à chaque mouvement de la tête peut distraire vos interlocuteurs.** Pensez-y !

LE FOULARD

J'aime le foulard. Accessoire caméléon, il se transforme en deux temps trois mouvements, et adopte différents styles selon la façon dont on le noue.

Au cou, il est écharpe ou cravate. Sur les épaules, il devient châle. Avec un peu d'audace, il se convertit en délicats corsages ou en jupes de plage, tandis qu'il prend la forme de turban et de bandana à la tête, ou d'une ceinture décorative à la taille. Conquise ?

N'hésitez pas à le porter. Le foulard n'a pas son pareil pour métamorphoser une tenue désuète. Sans compter qu'il actualise à peu de frais son style aux tendances de la saison. Ayez-en toujours un sous la main; il sera le point de mire de votre silhouette.

LES INCONTOURNABLES

Pour métamorphoser vos tenues en un tour de main, privilégiez ces foulards :

01

Un carré de soie imprimée
Inspirés par les carrés de la maison Hermès, ces foulards donnent de l'élégance à une tenue. L'imprimé aux multiples couleurs permet de les associer à plusieurs vêtements. Sa forme est polyvalente.

02

Un long foulard rectangulaire (Pashmina)
Fait de cachemire, de soie brute ou de lin, cette longue écharpe (colorée ou neutre) donne de la prestance à la silhouette. Elle se transforme en châle les soirs frisquets.

03

Un petit foulard de chiffon ou de coton (Bandana)
Léger, il se noue au cou et complète les blouses féminines et chemisiers ajustés.

04

Châle
Cette grande pièce de tissu tricoté ou tissé couvre les épaules. Idéal pour compléter les robe bustiers et donner du style à une tenue.

FOULARD BONNE MINE

La couleur et la texture de votre foulard influencent l'apparence de votre visage. Un foulard corail ou saumon, par exemple, rehausse systématiquement le teint, tandis qu'une soie plissée accentue les rides. Soyez futée ! Utilisez-le pour rehausser votre éclat, illuminer votre regard et adoucir vos traits. Il vous rajeunira de dix ans !

Pour plus de détails sur les couleurs bonne mine, référez-vous au chapitre sur les couleurs.

01. **L'ART DU NOUAGE**

Amusez-vous à transformer votre foulard autour de votre cou.

**LES CARRÉS
SIGNÉS HERMÈS**

En 1933, la maison française Hermès met sur le marché le premier de ses célèbres foulards de soie. Elle eut un tel succès que depuis, une douzaine de nouveaux modèles voit le jour chaque année. Ces carrés de soie aux motifs recherchés sont devenus des objets de collection, qui ne cessent d'influencer la mode. Voici leurs suggestions de nouages.

02. **L'ART DU NOUAGE**

Amusez-vous à transformer votre foulard autour de votre tête.

03. **L'ART DU NOUAGE**

Amusez-vous à transformer votre foulard autour de votre torse.

04. **L'ART DU NOUAGE**

Amusez-vous à transformer votre foulard autour de votre taille.

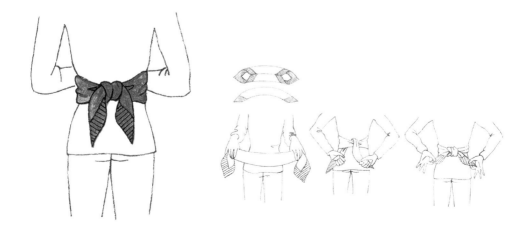

L'ACCORD PARFAIT

Un foulard choisi avec soin et judicieusement positionné avantage la silhouette. Mais il peut également l'écraser et agir à son détriment. Regardez-vous toujours de plain-pied dans le miroir. Vous pourrez ainsi juger de son effet.

01. MATIÈRES

• **Un foulard doit être souple et se plier facilement pour ne pas alourdir le cou.** Évitez les matières rigides et grossières. Préférez la soie, le chiffon et les laines délicates.
• **Évitez l'acrylique** qui brille et se défraîchit rapidement.
• **Remarquez toujours le dos du foulard.** Un foulard de qualité doit être aussi beau au-dessus qu'en dessous.
• **Ne coupez pas l'étiquette du foulard.** Décousez-le.
• **La soie** se porte autant l'hiver que l'été. **Le lin** par contre n'est réservé qu'à l'été.

02. FORME

• **Si vous avez une forte carrure**, misez sur un foulard souple et léger, et nouez-le de façon à dégager votre cou. Vous allongerez ainsi votre cou, minimisant l'impact aux épaules.
• **Pour accentuer la poitrine**, nouez-le de façon à former un V tombant au creux des seins. Succès garanti !
• **Si vous portez un large décolleté**, nouez votre foulard bien serré au cou (*choker*), en laissant pendre les extrémités.
• **Pour enjoliver un chemisier**, glissez un foulard dans son décolleté ou nouez-le en cravate comme le font les hommes.
• **Comme pour tous les accessoires, le foulard se plie à la règle des proportions** : petite femme, petit foulard / grande femme, grand foulard.

03 **COULEURS**

• **Considérez votre foulard comme un collier de soie.** Aussi, ne surchargez pas la silhouette de bijoux.
• **Créez une harmonie.** Un des coloris du foulard doit reprendre une des teintes de votre tenue. Vous pouvez néanmoins faire un éclat contrasté sur un ensemble noir en misant sur une couleur vive.
• **Choisissez toujours un foulard dont les couleurs s'harmonisent à votre teint.**

04. IMPRIMÉS

• **L'imprimé d'un foulard se perd une fois plié.** À l'achat, essayez différentes façons de le nouer pour vérifier comment se comportent les motifs.
• **Ne surchargez pas la silhouette de motifs bigarrés.** Un seul suffit : vêtement ou foulard.

LES COLLANTS

Le collant est plus qu'un simple sous-vêtement. Il est un accessoire indispensable pour enjoliver jambes et silhouette. Son pouvoir amincissant, galbant et sculptant est éprouvé. Pourquoi s'en passer ?

Grâce au Lycra et aux dernières technologies de tissage, les collants d'aujourd'hui sont hautement performants : ils atténuent les courbes des hanches et des cuisses, remontent les fesses, activent la circulation, éliminent la pression, hydratent et tonifient la peau. D'autres sont nommés « anti-cellulite » ou encore « anti-fatigue » et conçus spécialement pour les positions assises.

Leurs couleurs, brillances et textures ont également une influence majeure sur votre silhouette. Un collant à petite résille, par exemple, crée l'effet de jambes élancées. Tandis qu'un collant lustré capte la lumière et module les jambes.

Aussi, soyez vigilante lorsque vous les choisissez. Simples, ils sont vos outils de base pour définir votre silhouette. Fantaisistes, ils deviennent des bijoux de corps qui agrémentent votre style.

L'ENTRETIEN

Un collant de qualité s'altère après quinze lavages s'il est bien entretenu. Voici quelques bons conseils :

- **Toujours laver les collants en eau froide**, car la fibre Lycra se détériore à la chaleur.
- **Si vous le pouvez, lavez vos collants à la main**, car la laveuse étire sa forme.
- **Dans la laveuse**, utilisez un filet conçu pour laver les vêtements délicats.
- **Un savon liquide ne laisse pas de dépôt sur la fibre.**
- **Suspendez vos collants pour sécher**, car l'air chaud de la sécheuse endommage la fibre.

TRUC DE RANGEMENT Pas facile de retrouver les collants au fond d'un tiroir ? Insérez-les dans des sacs de plastique à fermoir (type *Zip Lock*) en les séparant par couleur et par opacité.

LE SAVIEZ-VOUS ?

Il faut en moyenne quatorze kilomètres de fil pour confectionner un collant !

Lexique

DENIER C'est l'unité de poids de la fibre. Plus le denier est élevé, plus la fibre est lourde et épaisse. Le collant est donc plus opaque.
EX. Un collant très léger et diaphane est de 8 deniers. Un collant opaque fait 45 deniers.

DIAPHANE Cet adjectif signifie que le collant laisse transparaître la peau.

PIED SANDALE La pointe du pied du collant est invisible. Notez qu'il existe des collants dépourvus de pointes qui laissent les orteils à nu.

POINTES RENFORCÉES Ce terme signifie que les extrémités du collant sont tissées plus serrées pour les renforcer. Les démarcations sont généralement apparentes.

CULOTTE RENFORCÉE *(CONTROL TOP)* La culotte est tissée de façon à soutenir le ventre, les fesses et les hanches. Le degré du maintien varie.

LA MODE DE
GENEVIÈVE **GUÉRARD**,
EX-BALLERINE
ET ANIMATRICE
« Après avoir eu deux enfants,
j'ai envie de me sentir belle.
J'ai passé les trente premières années
de ma vie en collants et en
vêtements de danse. Aujourd'hui,
je prends plaisir à m'habiller
et à jouer avec la mode. Je me dis
qu'à cet âge, je dois en profiter pendant
que ça passe. Je n'aurai pas ce corps
toute ma vie. Ça va finir par descendre
(*rires*). Lorsqu'on se sent belle
dans un vêtement, on gagne une surdose
de confiance. Et ça, c'est important ! »

RECONNAÎTRE LA QUALITÉ

Quoi de plus frustrant que de « faire une maille » !
Comment s'assurer que le collant convoité est
de qualité ?

- **Examinez et tâtez la maille du collant.** Elle
doit être douce, tricotée serrée et présenter une
certaine épaisseur. **NOTE** Un taux élevé de Lycra renforce
le collant. Mais cette fibre est rude à l'état naturel. Pour lui procurer
de la douceur, Le Lycra est recouvert de fils de nylon, puis tricoté.
La quantité de nylon utilisée et la technique de tricotage déterminent
la résistance et la douceur du collant.
- **Étirez le collant sur le dos de votre main.** Si vous
voyez des lignes horizontales, c'est signe de mauvaise qualité.
- **N'hésitez pas à demander d'ouvrir l'enveloppe.**
Un collant de qualité présente un aspect bigarré
ressemblant à une écorce d'arbre qui résulte du
mariage Lycra/nylon (invisible sur la jambe).
- **Assurez-vous que la bande de taille est assez
large pour votre confort.** Remarquez également
sa hauteur (taille haute ou basse).
- **Les coutures de la culotte et des orteils doivent
être plates** pour un meilleur confort.

TRUC Si vous faites une maille, stoppez-la en appliquant une
goutte de vernis à ongle transparent dessus.

UN PEU D'HISTOIRE...

Pendant la Deuxième Guerre mondiale,
les femmes peignaient leurs jambes
et traçaient, au centre arrière de celles-ci,
une ligne verticale pour simuler un bas
car la soie et le nylon utilisés pour la
confection de bas étaient réquisitionnés
pour les efforts de guerre.

Il faut attendre la création de la
machine à tricoter circulaire pour confectionner des bas sans coutures (fin des
années 50).

Et c'est dans les années 60 que
le collant moderne apparaît grâce à
l'invention du fil élastique Lycra de
Du Pont. Les créateurs de mode André
Courrège et Pierre Cardin imposent alors
une nouvelle silhouette où le collant
et la mini-jupe se retrouvent au-devant
de la scène.

Les caractéristiques du denier

8 DENIERS Collant très léger et ultra-diaphane. Il crée un effet «presque nu».
Il est fragile.

TRUC Pour une soirée, achetez un deuxième collant que vous glissez dans votre sac à main en cas
de mailles ou d'incidents fâcheux.

15 À 20 DENIERS Collants passe-partout. Ils sont diaphanes et
de résistance moyenne.

35 À 50 DENIERS Collants semi-opaques. Robustes.

50 DENIERS & PLUS (JUSQU'À 120) Collants opaques. Très résistants.

L'ACCORD PARFAIT

Simple ou fantaisiste, le collant demande
un peu de discernement lorsqu'on le porte,
car il peut avantager la jambe ou la disgracier.

01. BRILLANCE

● **Plus un collant est brillant, plus il réfléchit la lumière**, donnant l'illusion d'un volume arrondi. Pensez-y !
● **Évitez d'associer un collant lustré à un vêtement mat.** L'effet satiné est préférable.
● **Un collant foncé et satiné allonge la jambe** (40 deniers, semi-opaque).
● **Pour un effet de nudité**, recherchez un collant mat et ultra-diaphane (8 deniers). Attention : comme il contient peu de Lycra, ce type de collant est très fragile.

02. OPACITÉ

● **Une chaussure massive demande un collant opaque.** L'inverse va de soi.
● **Si vous portez un vêtement sans manches**, un collant diaphane rappelle la nudité de vos bras et allège la silhouette.
● **Un vêtement lourd comme un lainage** demande un collant opaque.

03. COULEUR

● **Pour allonger la silhouette**, optez pour un collant de la même teinte que la jupe.
● **Un collant doit s'harmoniser à la couleur et à la texture de la chaussure.** Exemple : un collant lustré accompagne un escarpin de cuir verni.
● **Il est préférable de porter une chaussure plus foncée que le collant** afin d'allonger la jambe.
● **Si vous désirez attirer l'attention sur vos jambes**, misez sur un collant coloré (rouge, violet, brun). Évitez le vert... vous n'êtes pas une grenouille !
● **Pensez que la teinte diaphane anthracite (charbon ou *smoke*) ainsi que le brun foncé** sont une alternative au collant noir classique.

04. TEXTURE

● **Pour affiner la jambe**, optez pour un collant résille (petit seulement).
● **Coordonnez des collants texturés** à des vêtements unis.
● **Les larges résilles, dentelles et motifs colorés** accentuent la jambe. Soyez prudente !

LA LINGERIE

«Une lingerie trop pratique rend une femme banale. Un petit frou-frou de temps en temps est bon pour l'âme», pouvait-on lire dans le *Vogue* de 1934. Ne criez pas au scandale. Voyez plutôt ce constat comme une bénédiction. Car honnêtement, il n'a rien de mieux pour le moral que de se sentir belle sous ses vêtements. Pas vrai?

D'autant plus que les fabricants vous en offrent la possibilité. Oubliez les beiges drabes sans façon. Les basiques de la lingerie s'enjolivent de couleurs et de multiples détails. Sortez de votre zone de confort et amusez-vous à les coordonner à vos vêtements: soutien-gorge et culotte mauve, corail, fuchsia, imprimé léopard, il y en a pour tous les goûts.

N'oubliez pas que ces dessous pratiques ou ludiques façonnent et sculptent le corps. Remontez, par exemple, les bretelles de votre soutien-gorge et vous verrez votre silhouette rajeunir de dix ans! D'ailleurs, le couturier Christian Dior disait: «Il ne peut y avoir de mode sans fondation». Il ne pouvait dire mieux. Car cette fondation qui module vos courbes féminines détermine également l'allure et la tombée du vêtement.

Ne les négligez pas. Ils sont la base de votre mode.

LES INCONTOURNABLES

Une garde-robe équilibrée doit comprendre un minimum de sous-vêtements. Pensez que les couleurs beige et rose sont moins apparentes que le blanc sous un vêtement pâle.

01

Culottes
Leurs formes varient selon le vêtement et l'occasion. Dans le lot, prévoir quelques modèles discrets pour éviter les démarcations disgracieuses (string ou slip sans coutures). Et pour glisser sous une robe ajustée, recherchez une culotte ou un combiné de maintien, si nécessaire. **NOTE** Lorsque vous achetez un ensemble (soutien-gorge et culotte), procurez-vous une culotte identique supplémentaire, car ce dessous se défraîchit plus rapidement que le soutien-gorge.

02

Soutien-gorge sans couture
Idéal pour porter sous les t-shirts et vêtements ajustés, car ils ne font aucune démarcation. Ils sont généralement formés et présentent diverses couleurs et imprimés.

03

Soutien-gorge à bretelles amovibles
Pour compléter les chandails, corsages et robes aux multiples décolletés — sans bretelles, licou, à décolleté plongeant — assurez-vous de choisir un modèle qui tient en place. Vous ne voulez pas avoir la poitrine aux genoux !

04

Soutien-gorge de dentelle
Pour les moments de séduction. Selon la couleur, la dentelle s'accorde avec les chemisiers de soie et autres vêtements non ajustés. Les bretelles sont généralement décoratives et s'exposent volontiers.

05

Camisole
Pour glisser sous un veston ou un chemisier.

LA BONNE TAILLE

Connaissez-vous la taille exacte de votre soutien-gorge ? Pour la trouver, vous devez d'abord connaître le contour, puis la profondeur du bonnet. Référez-vous au chapitre 2 (section « Mesurez-vous »). Les tailles de soutien-gorge se mesurent en pouces.

• **Mesurez le tour de votre cage thoracique, juste sous la poitrine.** À ce résultat, ajoutez 5 pouces.

_____ + 5 = _____

EX. Si vous obtenez 29 po, ajoutez + 5, et vous obtenez 34 po. La taille de votre soutien-gorge est 34. Si vous obtenez un chiffre impair, enlevez 1 au résultat.

Mesure de la cage thoracique	27 à 28 po	29 à 30 po	31 à 32 po	33 à 34 po	35 à 36 po	37 à 38 po
Soutien-gorge US et CAD	32	34	36	38	40	42
Soutien-gorge France	85	90	95	100	105	110

• **Mesurez sans serrer la partie saillante de votre poitrine** (généralement la pointe des mamelons). La taille du bonnet est déterminée par la différence entre cette mesure et celle de votre cage thoracique. La lettre indique la profondeur du bonnet.

EX. Si votre cage thoracique mesure 33 po et que votre poitrine est de 35 po, la différence est de 2 po. Votre profondeur de bonnet est B.

_____ - _____ = _____

	Jusqu'à 1/2 po	1 po	2 po	3 po	4 po	5 po
Taille bonnet	AA	A	B	C	D	DD/E

Cette méthode vous sert de guide, mais elle n'est pas infaillible. D'ailleurs, chaque compagnie présente divers modèles dont les tailles peuvent varier. L'idéal est d'en essayer plusieurs pour trouver le modèle parfait.

L'ENTRETIEN

Saviez-vous que la durée de vie de votre soutien-gorge est de deux ans ? Mais vous pouvez prolonger sa longévité si vous l'entretenez correctement.

Si vous pouvez le laver à la main, faites-le. Sinon, lavez-le dans la laveuse, à cycle délicat. Glissez toutefois votre lingerie dans un petit filet ou une taie d'oreiller. Lavez toujours à l'eau tiède avec un savon doux (de Marseille). Ne jamais mettre dans la sécheuse, car la fibre élastique est sensible à la chaleur.

LE SAVIEZ-VOUS ?

Il y a dix ans, la taille de soutien-gorge la plus vendue au Canada était le 34 B. Aujourd'hui, c'est le 36 C. L'entraînement sportif, l'évolution du corps et les prothèses mammaires en sont la cause. La couleur la plus populaire ? Le beige... malheureusement ! (Source : Hanes Brands)

LE BON SOUTIEN-GORGE

On dit que 8 femmes sur 10 ne portent pas la bonne taille de soutien-gorge. Pour vous aider à trouver le confort parfait, voici quelques conseils d'ajustement.

- **Le bonnet** doit englober parfaitement vos seins, sans former de petits bourrelets.
- **La bretelle du dos** doit être droite et ne pas remonter vers le haut.
- **Les bretelles** ne doivent pas laisser de marques ni d'inconfort sur vos épaules.
- **L'attache du dos** doit être attachée aux agrafes du milieu.
- **Les côtés** ne doivent ni plisser, ni serrer.
- **Votre soutien-gorge doit rester bien en place.** Bougez et levez les bras. S'il remonte, c'est que la taille n'est pas pour vous.
- **Si le bonnet coupe le galbe du sein**, il est trop petit.
- **Réglez vos bretelles** : trop serrées (le dos remonte et le sein plonge vers l'avant) ; trop longues (le maintien n'est pas adéquat).

NOTE Votre corps change continuellement. Vous devez donc réévaluer votre grandeur à l'achat de nouveaux soutiens-gorge.

CULOTTÉE !

Bienvenue au département des petites culottes. Strings, shorty, tanga... il existe tant de modèles que l'on s'y perd. Sauriez-vous les distinguer ?

01. **BIKINI / *SLIP*** Culotte pleine largeur, échancrée et à taille basse.

02. **GARÇONNES OU *SHORTY / BOYSHORTS*** Culotte de forme carrée qui couvre et s'arrête juste au-dessous des fesses.

03. **BRÉSILIENNES / *BRAZILIANS*** Culotte très échancrée qui recouvre légèrement les fesses, dont les pièces de tissu sont symétriques à l'avant et à l'arrière.

04. **STRING / *G-STRINGS* OR *THONGS*** Culotte qui laisse les fesses entièrement découvertes. Il est souvent réduit au strict minimum.

05. **TANGA / *THONGS*** Culotte qui laisse une partie des fesses découvertes. Il entoure les hanches de quelques centimètres.

L'ACCORD PARFAIT

Vos bretelles de soutien-gorge tombent ?
Votre poitrine déborde du bonnet ?
Voici quelques solutions à vos problèmes.

01. LA BANDE

• **La bande remonte dans votre dos ?** Vous devez allonger les bretelles de votre soutien-gorge. Si vous n'observez aucun changement, il se peut que le contour de celui-ci soit trop petit. Essayez une taille plus grande.

NOTE La bande arrière de votre soutien-gorge doit être droite, ni trop serrée, ni trop lâche. Elle doit être placée sous les omoplates de façon à ne pas bouger tout au long de la journée. Plus la bande est basse, meilleur est le soutien.

02. LES BRETELLES

• **Les bretelles tombent ?** Essayez d'ajuster la tension. Si elles sont encore trop longues, il se vend des attaches horizontales qui se fixent au dos et tirent les bretelles.
• **Les bretelles s'enfoncent dans vos épaules ?** D'abord, essayez de desserrer les bretelles. S'il n'y a aucun changement, il se peut que le contour du soutien-gorge soit trop petit. Optez pour une plus grande taille.

TRUC Il se vend des bandes coussinées qui s'adaptent aux bretelles et qui améliorent leur confort.

NOTE La bande contour de votre soutien-gorge est la partie qui apporte le plus de soutien à la poitrine, soit 80 % environ. Les bretelles ne soutiennent que 20 % de la poitrine. Il est donc très important d'avoir la bonne taille pour ne pas surcharger les épaules.

03. LE DÉCOLLETÉ

• **Votre soutien-gorge est apparent sous votre décolleté ?** Il existe de nombreux modèles de soutien-gorge qui s'adaptent à tous les styles de robes et de corsages : dos nu, décolletés plongeants, épaules asymétriques, sans bretelles.

Vous pouvez également opter pour un soutien-gorge adhésif. Ils sont préformés et s'appliquent sur les seins ou les mamelons seulement. Ceux-ci offrent peu de maintien, mais peuvent dépanner pour une soirée.

04. LE BONNET

• **La poitrine déborde du bonnet ?** Votre poitrine est généreuse et vous n'avez pas la bonne taille de bonnet. Optez pour une taille de bonnet plus grande.
• **Les bonnets se marquent de plis ?** Votre soutien-gorge est trop grand. Le bonnet doit bien mouler votre sein. Si vous avez une poitrine menue, essayez un bonnet légèrement doublé.

05. L'ARMATURE

• **L'armature ne colle pas au centre de votre corps ?** La taille des bonnets du soutien-gorge est trop petite. Vous devez augmenter la taille.

LE MAILLOT DE BAIN

Lorsque vient le temps de magasiner un maillot de bain, plusieurs femmes crient au désespoir: «Aucun maillot ne me fait!». Pourtant, il existe autant de modèles que de corps. Le truc pour dénicher celui qui vous fera belle? Connaître sa morphologie et savoir ce qui la valorise. Comme tous les vêtements, le maillot de bain joue également les trompe-l'œil. À vous de déjouer les regards.

Surtout, prenez courage! Pour trouver le maillot qu'il vous faut, vous devez en essayer plusieurs. Pour cela, réservez-vous un temps précis de magasinage. Le matin, par exemple, est idéal: le ventre est moins gonflé et il y a peu de monde en boutique. Habillez-vous de vêtements confortables qui s'enlèvent facilement (n'oubliez pas de porter une culotte adéquate!). Puis, laissez-vous guider par les conseillères. Elles connaissent leurs maillots.

Pensez également à vous procurer une sortie de bain assortie. Ces robes, foulards, longs t-shirts de coton ou chiffons enjolivent le maillot. En plus d'être confortable, elles vous permettent de vaquer librement sans vous soucier des petits caprices de votre corps.

L'ENTRETIEN

Le chlore, le sel, le sable ainsi que le soleil et les crèmes de protection détériorent les fibres du maillot de bain. Voilà pourquoi il est très important de le rincer à l'eau claire après chaque utilisation.

Pour le laver, utilisez un détergent doux liquide pour ne pas engorger les fibres de résidus de savon. Souvenez-vous que le Lycra est sensible à la chaleur. Lavez en eau froide et suspendez-le pour sécher.

LE SAVIEZ-VOUS ?

Le célèbre bikini doit son nom à l'île Bikini, un atoll de l'océan Pacifique, où se déroulèrent les premiers essais nucléaires américains (1946-1956).

C'est le 5 juillet 1946 que l'inventeur du bikini, Louis Réard, ingénieur en mécanique automobile, sortit cette bombe de tissu sur les plages européennes. Ce fut un véritable scandale. Les autorités bannirent ce micro maillot des lieux publics sous peine d'amende.

Il faudra attendre dix ans avant que le bikini retourne à la plage. La cause de cette soudaine popularité revint à la comédienne Brigitte Bardot qui osa le porter au grand écran. Le film ? *Et Dieu créa la femme* (1956).

Mais c'est Ursula Andress qui propulsa le bikini au sommet de sa gloire dans le film *James Bond 007 contre Dr No* (1962). Souvenez-vous de ce maillot deux pièces ivoire, décoré d'un poignard à la ceinture. Reproduit à des milliers d'exemplaires, le légendaire bikini est devenu au fil du temps le symbole des « *James Bond's girls* ». D'ailleurs, en 2001, cette relique du cinéma s'est vendue aux enchères pour la modique somme de 61 500 $ US.

LA LUNETTE SOLAIRE

Rien de mieux qu'une lunette solaire pour revamper un style. Mais encore faut-il la choisir avec soin car elle peut rapidement la démoder. Sans oublier sa fonction première : celle de protéger les yeux. Pour ne pas compromettre votre look et votre santé, voici de bons conseils pour trouver la lunette qu'il vous convient.

- **Tout comme la peau, les yeux sont sensibles aux rayons du soleil.** Aussi, ne vous fiez pas à l'opacité ni à la teinte des verres pour filtrer les UV. Recherchez l'indice de protection solaire inscrit sur l'étiquette : 400 UV ou UV 100 %.
- **La teinte de la lentille affecte votre vision.** Le gris est passe-partout et limite les éblouissements sans modifier les couleurs. Le brun est idéal pour la pratique de sport. Il éclaircit le paysage par temps brumeux, accentue les contrastes et repose l'œil.
- **Lorsque vous choisissez une monture,** optez pour une forme opposée à celle de votre visage. Vous avez un visage rond ? Les montures rectangulaires et anguleuses brisent son arrondi et structurent les traits.
- À l'opposé, **les formes ovales et courbées** avantagent les visages carrés et allongés.
- **Pour les visages triangulaires,** les larges montures sont à éviter. Choisir plutôt une monture délicate en arrondie ou rectangulaire pour équilibrer le visage.
- **La teinte de votre peau, de vos yeux et vos cheveux** dictent le choix de la monture. Référez-vous à la section des couleurs (chapitre 2) pour découvrir quelles sont les vôtres.

L'ACCORD PARFAIT

Parce que votre corps est unique,
les designers proposent une variété de
maillots qui valorisent votre silhouette.
Mais comment trouver LE maillot
qui rehaussera ceci et amincira cela ?
Voici quelques conseils adaptés
à votre morphologie.

01. MORPHOLOGIE V

Les épaules et la poitrine sont fortes tandis que les hanches sont étroites.

+ À FAIRE

Mettez l'accent sur le bas du corps et offrez un bon support à la poitrine.

– À ÉVITER

Pour balancer la silhouette, évitez les encolures carrées et les bretelles étroites.

• À CONSIDÉRER

Pour avantager la poitrine et allonger le torse, portez un maillot une pièce, décolleté en V. Les culottes taille basse aux motifs colorés ainsi que les culottes garçonnières sont un bon choix. Privilégiez les hauts unis et les licous.

02. MORPHOLOGIE I

Les épaules et les hanches sont étroites et de même largeur. La taille est peu marquée.

+ À FAIRE

Créez l'illusion de rondeur.

– À ÉVITER

Tout ce qui allonge le corps : les rayures verticales, les culottes très échancrées.

• À CONSIDÉRER

Misez sur les lignes diagonales et horizontales. On recherche les textures et les détails qui cintrent la taille : plissés à la poitrine, à la taille, culotte haute avec ceinture. Pour le haut, on accentue la poitrine avec des hauts pigeonnants, des triangles et des licous.

03. MORPHOLOGIE A

Les épaules étroites, la poitrine menue et les hanches fortes.

+ À FAIRE

Osez les décolletés ! Déviez l'attention du bas et attirez les regards vers le haut.

– À ÉVITER

Il ne faut pas créer de lignes horizontales au bassin (pas de culottes garçonnières).

• À CONSIDÉRER

Pour rehausser la poitrine, choisissez un haut préformé qui s'attache au cou (licou). Mettez l'accent sur les épaules avec une encolure horizontale. Un ensemble composé d'un haut à motifs intenses ou vivement colorés assorti à une culotte unie, foncée et échancrée est idéal.

04. MORPHOLOGIE X

Les épaules et les hanches sont dans le même alignement. La taille est très marquée.

+ À FAIRE

Cherchez à conserver l'équilibre de votre silhouette.

– À ÉVITER

Ne surchargez pas la silhouette avec des motifs exagérément grands ou des couleurs contrastées. Cela déséquilibrerait vos proportions.

• À CONSIDÉRER

Si votre torse est long, les maillots deux pièces sont pour vous. Au contraire, **si votre torse est court**, misez sur un deux pièces dont la culotte est très basse.

05. MORPHOLOGIE H

Les épaules et les hanches sont dans le même alignement. La taille est peu marquée.

+ À FAIRE

Créez l'illusion d'une taille.

– À ÉVITER

Les maillots simples et unis qui forment un bloc ; les rayures horizontales ; les culottes boxer.

• À CONSIDÉRER

Pour briser l'effet rectangulaire de la silhouette, recherchez les détails qui allongent et accentuent la taille : effets deux tons, drapés, rayures en diagonale. Optez pour des bretelles qui équilibrent la largeur de vos épaules. Pour mettre en valeur votre poitrine, misez sur des hauts texturés, imprimés ou colorés.

06. MORPHOLOGIE O

Les épaules, la poitrine sont fortes, de même que la taille ou les hanches.

+ À FAIRE

Il faut donner l'illusion d'allonger la silhouette et de minimiser l'apparence du ventre et des cuisses. Misez sur votre joli décolleté !

– À ÉVITER

Évitez les lignes horizontales. Les petits motifs géométriques sont à bannir.

• À CONSIDÉRER

Pour avantager la silhouette, recherchez les plissés, les larges imprimés en ton sur ton et les rayures diagonales. Valorisez la poitrine par un large décolleté.

LA BONNE TENUE

«Que vais-je porter?» Cette question devient cruciale lorsque survient un événement important : entrevues, funérailles, mariages, soirées mondaines. Et personne n'aime se faire juger ni alimenter les potins du lendemain, faute de ne pas avoir porté une tenue adéquate.

Pour ne pas commettre d'impair, il est judicieux de suivre l'étiquette vestimentaire de circonstance. Cette politesse protocolaire démontre du savoir-vivre et du respect envers les gens qui vous reçoivent.

Un habillement n'est jamais neutre. Il projette une image qui ne correspond pas toujours à celle que vous souhaitez. Un collant de résille noir et un escarpin rouge ont une connotation sexuelle alors qu'un tailleur foncé et un chemisier blanc dégagent un esprit de travail.

Cela dit, vos vêtements sont hypocrites : ils vous cachent tout en vous dévoilant. D'emblée, ils révèlent votre personnalité, sans que vous sachiez quels secrets ils trahissent. On dit d'ailleurs que la première impression que vous faites, reste gravée dans la mémoire des gens.

Pour peu que vous portiez attention à votre tenue, il est possible de remédier à ces faux pas vestimentaires. Et je citerais Coco Chanel : «Si une femme est mal habillée, on remarque sa robe, mais si elle est impeccablement vêtue, c'est elle qu'on remarque.»

Mieux vaut être trop chic
que pas assez.

LE MARIAGE

< AVANT

Selon le code d'éthique, s'habiller
de blanc, de rouge ou de noir pour un
mariage n'était pas de circonstance.

> AUJOURD'HUI

Le noir et le rouge sont maintenant
permis. Mais oubliez le blanc. Il est
strictement réservé à la mariée.
Pour ne pas faire d'erreur, évitez
également l'ivoire, la couleur écrue,
la vanille et autres nuances de blanc.
Vous pouvez toutefois porter un
pantalon ou une jupe blanche pourvu
qu'ils accompagnent un vêtement
coloré. Le blanc ne doit pas être
la couleur principale.

01. UN MARIAGE

Quoi porter

Généralement, une mention sur le carton d'invitation vous indique le code vestimentaire à respecter. Sinon, laissez la saison, l'heure et le lieu de la réception guider votre tenue. Si vous hésitez, la fille d'honneur et la mère de la mariée peuvent vous aider. Par la même occasion, informez-vous de la teinte des robes du cortège. Vous ne voulez pas avoir la même !

Pensez que c'est LA journée de la mariée et non la vôtre. Il ne faut pas lui faire ombrage. Elle doit être la plus belle !

02. UN MARIAGE DE JOUR

Quoi porter

La tenue est plus décontractée que pour un mariage en soirée. Misez sur une tenue féminine, élégante, sans excès de brillance (réservez les paillettes et bling-bling pour le soir). Une robe cocktail est tout indiquée. Si elle découvre vos épaules, pensez à les couvrir si la cérémonie est à l'église. Vous pouvez porter un chapeau et des gants que vous gardez pour la cérémonie et l'apéro, mais enlevez-les pour le repas (voir la section «Le chapeau», chapitre 8). Évitez les tenues légères qui conviennent mieux à la plage (à moins d'un mariage sous les tropiques).

03. UN MARIAGE SOIR & FIN DE JOURNÉE

Quoi porter

Ce mariage demande une tenue plus officielle que le précédent. Surtout s'il a lieu en ville. Une robe cocktail ou un tailleur smoking sont l'idéal. Si vous optez pour une robe longue, assurez-vous de ne pas être plus chic que la mariée. C'est sa soirée. Évitez les tenues sexy et provocantes qui n'ont pas leur place ici.

Si vous êtes invitée à un mariage orthodoxe ou d'une autre religion que la vôtre, informez-vous des codes vestimentaires à suivre en plus des coutumes et de la politesse à respecter.

PEUT-ON GARDER SES GANTS ?

Une femme garde ses gants à l'intérieur si ceux-ci complètent sa robe. Elle les porte pour serrer les mains et boire un apéritif pendant le cocktail. Elle se dégante toutefois lorsqu'elle passe à table.

LES ÉVÈNEMENTS MONDAINS

LEXIQUE DU CARTON D'INVITATION

< AVANT

Une indication sur le carton
d'invitation dictait la tenue.

> AUJOURD'HUI

Cette règle est toujours de mise.
Si aucune mention ne figure sur
le carton d'invitation, c'est qu'il s'agit
généralement d'une tenue habillée.
L'heure et l'endroit peuvent vous
fournir quelques précisions.
Notez qu'une heure tardive suppose
un certain apparat.

01. **COCKTAIL**

Quoi porter

Comme son nom l'indique, une robe cocktail est la tenue idéale. Vous pouvez également choisir un élégant tailleur noir ou ivoire, rehaussé d'une camisole (soie ou paillettes) et d'accessoires luxueux : boucles d'oreille scintillantes, sandales délicates à talons hauts, pochettes. Certains cocktails ne sont pas aussi formels. Une élégante tenue de ville est alors appropriée.

02. **BAL**

Quoi porter

Auparavant, la robe longue était de mise pour tous les bals. À moins d'une indication contraire, la robe courte est dorénavant tolérée. Celle-ci se doit toutefois d'être très chic et d'une certaine longueur (pas de mini-jupe !). Les tailleurs — pantalon et jupe — n'ont pas leur place au bal. Réservez-les pour un cocktail, un dîner ou une soirée officielle. Si ce genre d'évènement ne vous est pas familier, une élégante et discrète robe longue noire demeure votre meilleur choix. Des bijoux raffinés compléteront la tenue. Portez une attention particulière à votre coiffure et à votre maquillage. Et n'oubliez pas d'apporter une écharpe (velours ou soie) pour couvrir vos épaules si le temps est frais (salle de réception climatisée).

03. **TENUE DE VILLE**

Quoi porter

Cette indication signifie une tenue urbaine et habillée. Les femmes portent généralement une robe cocktail, un tailleur jupe ou pantalon. L'homme se présente vêtu d'un complet sombre ou d'un veston assorti à un pantalon. Notez que la chemise blanche est de mise pour un évènement en soirée.

Une réception offerte par des gens du milieu artistique permet plus de fantaisie vestimentaire que dans le domaine des affaires ou politiques.

Le jeans peut être toléré selon certaines circonstances. Il se doit d'être propre et élégamment coordonné.

04. **CRAVATE NOIRE** & **ROBE DE SOIRÉE**

Quoi porter

Cette expression signifie que l'homme doit porter un élégant complet noir ou un smoking, assorti d'une chemise blanche et cravate noire. Aucune chemise colorée n'est permise. Il se peut que le terme smoking soit indiqué sur le carton d'invitation. L'homme doit alors s'en tenir à ce vêtement.

Pour vous mesdames, une robe très habillée est de mise. Longue ou courte ? La robe longue s'accorde généralement au smoking, bien que la courte soit maintenant tolérée, à moins d'avis contraire sur l'invitation.

05. **COUNTRY CHIC**

Quoi porter

Cette expression s'applique aux *garden parties*, aux mariages à la campagne et aux réceptions du week-end. Elle décrit un style à la fois chic et décontracté. Encore une fois, l'heure, le lieu et la saison détermineront votre tenue.

Pour les belles journées d'été, une robe cocktail d'esprit bohémien convient de même qu'un pantalon blanc assorti à un corsage léger et coloré. L'hiver, misez sur un fin lainage assorti à un pantalon de cuir ou de velours. Une robe décontractée assortie à une jolie botte est également appropriée. Pensez que les teintes d'ivoire et de brun conviennent davantage à l'allure campagnarde que le noir et le blanc (réservez ces dernières à la ville).

Le soir, une robe courte ou longue – genre caftan luxueux – est appropriée. Vous pouvez également choisir un pantalon propre coordonné à un haut scintillant. Le port de jeans est souvent accepté. Évitez les tailleurs et vestes structurés. Soyez plus décontractée. Vous êtes à la campagne après tout.

LE POINT DE MIRE

Lors d'une réception, vous êtes généralement assise à la table une grande partie de la soirée. Portez donc une attention particulière au haut de votre corps : épaules, décolleté, coiffure, maquillage, bijoux. C'est ce qui se remarque !

L'ENTREVUE

< AVANT

Les candidates devaient se présenter
en tailleur bleu marine.

> AUJOURD'HUI

Le code vestimentaire est plus
souple qu'avant. Ceci dit, vous
ne commettrez jamais de faux pas
vestimentaire en portant
un tailleur foncé.

01. **L'ENTREVUE**

Quoi porter

Votre style vestimentaire dévoile votre personnalité. Assurez-vous que vos vêtements et accessoires n'attirent pas l'attention. Dès les premières secondes de l'entrevue, l'employeur doit voir votre visage et non votre décolleté, vos belles jambes ou votre sac à main rouge ! Il doit comprendre que votre démarche est sérieuse et que vous avez confiance en vous. Misez donc sur l'élégance et la sobriété. Vous serez ainsi mise en valeur. Et ce, peu importe l'emploi recherché.

Cela dit, discrétion vestimentaire ne signifie pas banalité. Essayez de trouver un juste équilibre entre une tenue classique et celle qui vous ressemble. L'employeur saura ainsi à qui il a affaire. Si le tailleur vous sied, il demeure votre meilleur choix. Vous pouvez également opter pour une variante : jupe et cardigan, veste claire et pantalon foncé, robe épurée. Portez une attention particulière à votre sac à main. Il en dit long sur vous (voir la section « Sac à main », chapitre 8).

Pensez également que l'employeur peut vous proposer de vous asseoir. Avant d'arrêter votre choix sur une tenue, regardez-vous dans le miroir et analysez la tombée du vêtement une fois assise : la jupe monte-elle trop haut et dévoile-t-elle trop vos jambes ? La carrure du veston est-elle exagérée et cache-t-elle votre cou ? L'échancrure du chemisier est-elle trop décolletée ?

LES FUNÉRAILLES

01. **LES FUNÉRAILLES**

Quoi porter

La famille du défunt se doit d'être vêtue de noir. Des couleurs symboliques comme le blanc par exemple, sont aussi justifiables.

Par respect pour la famille, les invités sont également tenus d'être habillés de vêtements sombres et discrets pour ne pas attirer l'attention. Évitez les décolletés, imprimés bigarrés et couleurs voyantes. Ces vêtements n'ont pas leur place. Les accessoires — bijoux, chaussures, sac à main — sont aussi soumis à cette politesse. Pour ne pas commettre d'impair, optez pour une robe classique ou pour un tailleur pantalon noir, rehaussé d'une chaîne délicate ou d'un collier de perles.

Avant de quitter la maison pour vous rendre à l'entrevue, assurez-vous que :

- **Vos vêtements sont propres et parfaitement repassés** au-devant et au dos.
- **Vos chaussures sont propres.**
  Un petit coup de chiffon les fera briller.
- **Vos chaussures sont adéquates.**
  Les talons très hauts et les sandales nu-pied de plage n'ont pas leur place dans un bureau.
- **Votre maquillage est discret.**
  Pas de rouge à lèvres rouge s'il vous plaît !
- **Votre coiffure est soignée.**
- **Vous n'avez pas abusé de parfum.**
  Certaines personnes sont intolérantes envers les odeurs.

JOUR
DE LESSIVE

Vous dépensez beaucoup d'argent pour votre habillement. Il est donc important d'entretenir vos vêtements adéquatement afin de les préserver du passage du temps.

Aussi, la façon de les laver joue-t-elle un rôle primordial dans leur préservation. Le coton et la soie ne se lavent pas comme le polyester, par exemple. Ces fibres naturelles que l'on croit robustes ont quelques faiblesses. Et quand survient une tache, il est impératif de l'effacer immédiatement avant qu'elle ne s'y installe à tout jamais.

L'heure du séchage est également décisive. Combien de chandails ont refoulé ou se sont déformés par manque de savoir-faire ? D'ailleurs, l'étendage sur un séchoir de bois ou au grand air sur une corde à linge gagne en popularité. Cette opération conserve l'éclat de vos vêtements, est écologique et ne coûte rien.

L'étape du repassage vous est fastidieuse ? Pourtant, repasser serait bon pour les nerfs, dit-on. Adoptez une attitude zen et transformez cette tâche en moments de détente : profitez-en pour regarder votre téléroman favori, écouter de la musique, placoter au téléphone... En plus de défriper vos vêtements, le fer déliera votre stress. Vous gagnerez un beau sourire et une tenue impeccablement propre !

Au boulot !

Les plis et les taches
d'un vêtement
témoignent des aléas
de la vie.

LA LESSIVE

Avant d'entreprendre votre lessive, classez les vêtements par couleurs. Séparez également les morceaux délicats et ceux que vous lavez pour la première fois. Il se peut que ceux-ci déteignent sur les autres (surtout s'ils sont de coton). Attention aux velours et aux tissus molletonnés. Lavez-les séparément, car leurs charpies s'agrippent aux autres vêtements, en particulier sur les bas.

Videz ensuite les poches, détachez les boutons, relevez les cols. S'il y a des taches, appliquez le produit nécessaire. Ne surchargez pas le tambourin de la lessiveuse. Les vêtements doivent bouger si vous désirez qu'ils en ressortent propres.

Les indispensables de la lessive

Pour que vos vêtements soient propres, propres, propres, assurez-vous d'avoir les bons produits :

<u>UN DÉTERGENT</u> Le savon liquide est généralement plus efficace que le savon en poudre. Il se dissout à l'eau et ne laisse pas de dépôt sur les vêtements. Assurez-vous également d'avoir le produit adapté à votre laveuse et à la qualité de votre eau.

UN DÉTERGENT POUR TISSUS DÉLICATS Le taux d'alcalinité de ce savon est moins élevé. Il aide à préserver les fibres délicates (laines, soie, chiffon). Vous pouvez remplacer ce détergent chimique par le savon de Marseille.

UN SAVON DE MARSEILLE <u>(SAVON DU PAYS)</u> Généralement biodégradable, ce savon est fait d'huile végétale ou d'olive. Il est très doux et donne du corps à la fibre (idéal pour laver la soie). Son pouvoir détachant est reconnu. Il est offert sous forme liquide ou en barre. Il doit son nom à la ville de Marseille (France) qui, au 17e siècle, produisait ce savon en quantité.

UN ASSOUPLISSEUR DE TISSU Il sert à parfumer la lessive, à éliminer la statique causée par le culbutage de la sécheuse et à donner de la souplesse aux fibres du vêtement. Il contient malheureusement de nombreux produits chimiques qui, à la longue, usent prématurément les fibres.

UN JAVELLISANT AU CHLORE Cette formule appelée eau de javel blanchit les vêtements et les désinfecte. Elle use par contre les fibres naturelles. Il ne faut pas l'appliquer sur les tissus synthétiques.

<u>UN JAVELLISANT À L'OXYGÈNE</u> (DE TYPE *OXICLEAN*) Il contient du peroxyde d'hydrogène qui aide à éliminer les taches tenaces. Il est plus doux que le javellisant au chlore et s'applique sur la plupart des tissus sans les endommager. Il peut s'ajouter à l'eau de lavage. Il est biodégradable.

DU VINAIGRE BLANC Ajouté à l'eau de lavage, le vinaigre aide à fixer les couleurs d'un vêtement et à conserver son éclat. Idéal pour les vêtements foncés. De plus, il réduit la statique et adoucit les fibres. Ajouté au détergent habituel, il offre une alternative au détergent pour couleur foncée et à l'assouplisseur.

<u>UN DÉTACHANT</u> (DE TYPE *SPRAY'NWASH*) pour éliminer les taches avant le lavage.

DE LA TERRE DE SOMMIÈRES Cette argile blanche que l'on retrouve en pharmacie a un grand pouvoir d'absorption. Utilisez-la sur les taches de graisse fraîchement faites. Laissez-la agir une journée entière. Brossez la terre, puis vaporisez un produit détachant sur la tache.

LIRE LES ÉTIQUETTES

Avant d'entreprendre la lessive, il est important de lire les symboles d'entretien inscrits sur l'étiquette du vêtement. Les cinq symboles de base représentent les directives d'entretien du lavage, du blanchissage, du repassage et du séchage. Ils précisent également si le vêtement doit être lavé à la main ou par un professionnel.

Vous remarquerez la série de points à l'intérieur des symboles. Ceux-ci représentent le degré de température. Plus il y a de points, plus la température doit être élevée. Le trait sous le fer ou sur la cuve vous indique que l'opération est délicate.

Ces normes sont internationales. Elles sont d'ailleurs régies par le Bureau de consommation du Canada (www.ic.gc.ca).

SYMBOLES DE LAVAGE

SYMBOLES	DESCRIPTION
	Lavage à l'eau chaude
	Lavage à l'eau tiède
	Lavage à la l'eau froide
	Lavage délicat à la main, à l'eau froide.
⌦	Ne pas laver.

SYMBOLES DE BLANCHIMENT

SYMBOLES	DESCRIPTION
△	Un javellisant peut être utilisé.
⌦	Ne pas utiliser de javellisent.

SECRETS DE CINÉMA

Lorsque survient une tache sur le vêtement d'un comédien en plein tournage, l'habilleur doit agir très vite pour faire disparaître celle-ci. Aussi traîne-t-il toujours trois outils antitaches maintes fois éprouvés:

• **Un ruban adhésif** est très efficace pour enlever les taches de maquillage et autres saletés superficielles. Collez fermement le ruban sur la tache et retirez-le rapidement. La saleté adhère à la colle et s'élimine au bout de quelques coups. C'est magique!
• **Des lingettes humides** de type *Wet Ones* (le produit original est le plus efficace) viennent à bout des taches superficielles de maquillage et de nourriture. Comme elles sont légèrement mouillées, elles effacent la tache sans laisser de cernes sur le vêtement.
• **Une craie blanche** sert à masquer rapidement et provisoirement les taches sur une chemise blanche: cernes autour du col, présence de maquillage...

SYMBOLES DE REPASSAGE / PRESSAGE

SYMBOLES   DESCRIPTION

 Repasser à sec ou à la vapeur, à une température élevée; pour tissus de coton ou de lin.

 Repasser à sec ou à la vapeur, à une température moyenne; pour tissus de polyester, rayonne, soie, triacétate et laine.

 Repasser à sec ou à la vapeur, à basse température; pour tissus acétate, acrylique, modacrylique, nylon, polypropylène et spandex.

 Ne pas repasser à la vapeur.

 Ne pas repasser ni presser.

SYMBOLES DE SÉCHAGE

SYMBOLES   DESCRIPTION

 Séchage par culbutage à température élevée.

 Séchage par culbutage à température moyenne.

 Séchage par culbutage à basse température; cycle délicat.

 Séchage par culbutage sans chaleur / séchage à l'air.

 Ne pas sécher par culbutage.

 Essorer et suspendre sur une corde.

 Étendre sans essorer.

 Essorer et faire sécher à plat ; ne pas suspendre.

SYMBOLES D'ENTRETIEN PROFESSIONNEL

SYMBOLES   DESCRIPTION

 Nettoyage à sec. Tous les solvants sauf le trichloréthylène.

 Nettoyage à sec. Solvant pétrolier seulement.

 Ne pas nettoyer à sec.

PEUT-ON LAVER UN ANORAK ?

Oui! Il est conseillé de laver les manteaux d'hiver doublés de duvet ou de polyester, dans une laveuse domestique. Vous devez prendre toutefois quelques protections.

● **Utilisez un savon liquide**, car la poudre peut laisser des traces sur le tissu ou en saturer les fibres.
● **Lavez toujours à l'eau froide**, à cycle délicat.
● **Lavez une deuxième fois le vêtement à l'eau claire** (sans savon), afin d'enlever tout résidu de savon dans la bourre et les fibres.
● **Suspendez le vêtement pour sécher.**
● **Pour le duvet, séchez-le par culbutage, à basse température.** Vous pouvez ajouter une ou deux balles de tennis dans la sécheuse afin d'éviter que les plumes ne s'amassent dans les coins du manteau. Et si le duvet ne sèche pas du premier coup, ne vous inquiétez pas. Répétez l'opération. La plume reprendra sa forme une fois sèche.
● **Si votre ensemble a perdu son revêtement imperméable**, n'hésitez pas à le vaporiser d'un produit imperméabilisant que vous trouverez dans les cordonneries ou dans les quincailleries (département de camping). Ce traitement n'est pas conseillé pour les revêtements de type *Gore-Tex*.

VOTRE CHANDAIL DE LAINE A RÉTRÉCI AU LAVAGE ?

Lorsqu'une laine rétrécit à l'eau chaude, elle devient feutrée. Elle ne retrouvera jamais sa texture originale, mais vous pouvez ramener un tant soit peu la forme du vêtement. Comment ? Mouillez votre chandail à l'eau froide, puis étirez-le au maximum. Une fois bien étiré, bloquez-le sur une serviette avec de bonnes épingles. Il séchera ainsi et gardera sa nouvelle forme.

OUPS... UNE TACHE !

- **Lorsque survient une tache**, il faut agir vite avant qu'elle ne pénètre les fibres du tissu.
- **Ne versez pas le contenu de la bouteille du détachant directement sur la tache.** Utilisez un chiffon blanc et propre imbibé d'une petite quantité du produit. Seuls les poudres et les aérosols s'appliquent directement sur un vêtement.
- **Tamponnez la tache en opérant toujours de l'extérieur vers l'intérieur.** Un linge ou un papier essuie-tout placé dessous absorbe le surplus de produits et protège la partie propre du vêtement.
- **Un fois la tache partie**, vous devez rincer et éponger soigneusement la zone détachée afin d'éliminer le produit détachant.
- **Ne frottez jamais une tache liquide.** Vous devez d'abord l'absorber avec un essuie-tout ou un chiffon propre.
- **Certains détachants chimiques peuvent endommager les tissus** synthétiques et les soies délicates. Faites un test avant l'utilisation.
- **Attention : le sel fixe les taches et la teinture.** N'en abusez pas. Si vous répandez du vin rouge, mieux vaut diluer la tache avec de l'eau gazéifiée.
- **Il est préférable d'utiliser de l'eau froide ou de l'eau tiède** pour laver une tache, car l'eau chaude fixe les colorants.

Détachants naturels

Votre cuisine et votre pharmacie renferment de bons nettoyants pour venir à bout des taches les plus tenaces.

GRAISSE Appliquez immédiatement sur la tache de la farine blanche ou de la fécule de maïs. Elle absorbera le gras. Vous pouvez également utiliser de la terre de Sommières (voir les indispensables de la lessive). Au resto, de la mie de pain est un bon dépanneur.

VIN ROUGE ET BOISSONS GAZEUSES Imbibez rapidement la tache d'eau gazéifiée. Pour les taches anciennes, vaporisez-les de vinaigre blanc avant de laver le vêtement.

ENCRE Faites tremper le vêtement dans l'eau pendant quelques heures, puis appliquez de la crème de tartre délayée dans du jus de citron.

CERNES AU COL ET AUX AISSELLES Vaporisez du vinaigre blanc avant de laver le vêtement.

GAZON Trempez la tache dans une solution de peroxyde d'oxygène et d'eau.

SANG Vaporisez de vinaigre et nettoyez la tache à l'eau froide.

TACHES TENACES Faites une solution à partir d'une tasse d'eau additionnée de deux cuillérées à soupe de bicarbonate de soude.

**VOTRE MANTEAU
DE FOURRURE
SENT MAUVAIS?**

Les mauvaises odeurs qui se dégagent de la fourrure sont causées par le champignon de la moisissure. L'humidité en est souvent la cause. Elle est son pire ennemi. Sans doute remarquez-vous également que les peaux s'effritent, s'assèchent et se déchirent par endroits. Elles ont commencé leur processus de décomposition.

Ces dommages sont irréversibles. Mais votre manteau n'est pas fini. Apportez-le chez un fourreur. Il examinera en détail les peaux et recyclera les plus belles.

Entre-temps, suspendez-le à l'extérieur, au vent et au soleil, pour diminuer l'odeur. Si les dommages ne sont pas très importants, elle partira. Ne vaporisez pas de produits anti-odeur, car ils peuvent endommager le poil.

De plus, un nettoyeur spécialisé peut venir à bout de la moisissure, en tuant le champignon destructeur. La fourrure est ainsi lavée, non pas dans l'eau, mais dans du bren de scie auquel on ajoute des huiles naturelles et des produits antifongiques. Elle est alors désinfectée, dépoussiérée et elle retrouve son lustre.

TEINDRE UN VÊTEMENT NOIR

La teinture noire des tissus naturels se dégrade rapidement aux lavages. Vous pouvez néanmoins adoucir la démarcation de couleur en teignant le vêtement. Vous trouverez des pigments dans les boutiques spécialisées et certaines pharmacies. Personnellement, je préfère la marque *Dylon* qui donne de bons conseils sur le site www.dylon.fr.

- **Dans une grande cuvette ou le tambourin de la laveuse, dissoudre la teinture dans l'eau chaude.** Ajoutez une poignée de sel pour aider à fixer le pigment.
- **Mouillez le vêtement** afin qu'il absorbe uniformément la couleur, puis trempez-le dans le bassin de teinture.
- **Remuez le vêtement** jusqu'à ce que sa nouvelle teinte vous plaise.
- **Rincez-le** à l'eau froide.

Teindre un vêtement n'est jamais sans risque. L'eau chaude utilisée pour fixer la teinture peut déformer ou fouler certaines fibres dont le coton et la rayonne. De plus, le vêtement ne retrouvera jamais son aspect original. Les pigments ne sont pas sélectifs. Ils teignent uniformément le tissu déposant la même quantité de couleur sur les parties usées ou non. Il est donc probable que l'encolure, les poignets et les coutures demeurent plus pâles que le reste.

TRUC Pour prolonger la vie de vos vêtements noirs, lavez-les en eau froide et utilisez un détergent liquide spécialement formulé pour les tissus foncés. Vous pouvez également utiliser un savon délicat auquel vous ajoutez un peu de vinaigre blanc ou une poignée de sel. Cela fixe la couleur. Aussi, il est préférable de sécher le vêtement à l'air et de le repasser à l'envers.

LE SÉCHAGE

Saviez-vous qu'un tissu perd jusqu'à 10 % de sa matière dans la sécheuse ? En se frottant les uns aux autres, les fibres de l'étoffe s'usent. Les mousses qu'on appelle charpie en sont la preuve. Voilà pourquoi il faut prendre quelques précautions lorsqu'arrive le temps de sécher les vêtements.

Le symbole carré inscrit sur l'étiquette du manufacturier vous indique le degré de température maximale que le textile peut tolérer. Malgré cela, évitez de sécher par culbutage vos chandails, culottes et autres t-shirts en jersey de coton. Ce tricot est délicat et se déforme facilement. La soie et la laine sont également à proscrire. De même que les tissus renfermant du Lycra ou du spandex. Ces fibres sont très sensibles à la chaleur.

Pour préserver la beauté de vos vêtements, il est préférable de les sécher à l'air libre. Prenez l'habitude de les étendre sur un séchoir de bois ou de les suspendre sur des cintres. En plus d'allonger la vie de ceux-ci, ce geste écologique vous fera économiser de l'argent.

La corde à linge

La corde à linge a le vent dans les... draps! Au-delà de l'économie d'énergie, étendre son linge au soleil et au grand vent a des vertus relaxantes pour vous et bienfaitrices pour les tissus. Pourquoi s'en passer ? Mais ce geste que maîtrisaient nos grand-mères exige quelques notions de base. Chaque tissu a sa particularité.

COTON, LIN ET RAYONNE Ces fibres végétales sont extrèmement sensibles au soleil, car les rayons UV du soleil brisent la chaîne moléculaire de la cellulose qui constitue la fibre du tissu. C'est comme si le coton ou le lin continuait de mûrir dans le champ. Il faut donc éviter de les suspendre au grand soleil de midi et les retirer de la corde dès qu'ils sont secs.

SOIE Cette fibre animale est faite de la salive du ver à soie. Étonnamment, elle est naturellement robuste et plus résistante au soleil que le coton ou le lin. N'hésitez donc pas à suspendre vos délicates blouses de soie à l'extérieur. Le soleil leur fera grand bien.

POLYESTER, NYLON (POLYAMIDE) ET ACRYLIQUE Ces tissus synthétiques sont des durs à cuire et ne courent aucun danger sous le soleil. Et comme l'eau ne pénètre pas dans la fibre (au contraire des fibres végétales), les vêtements sèchent très rapidement.

VRAI OU FAUX

Questions

01. **Le soleil** fait disparaître les taches sur un vêtement et rend les cotons blancs plus blancs.
02. **La pleine lune** fait également disparaître les taches.
03. **Les couleurs pâlissent** au soleil.
04. **Les vêtements deviennent raides** au soleil.
05. **Mettre ses chaussures au soleil** élimine les mauvaises odeurs.
06. **Avec le smog**, les vêtements séchés sur la corde peuvent irriter la peau sensible des bébés.
07. **Les personnes allergiques au pollen** ne devraient pas étendre leurs vêtements sur une corde à linge.

Réponses

01. VRAI Comme les rayons UV agissent sur la cellulose contenue dans la fibre végétale, ils affaiblissent celle-ci et éliminent la saleté.

02. FAUX Elle ne dégage pas assez de lumière pour venir affecter la cellulose de la fibre.

03. VRAI & FAUX Les tissus synthétiques ne sont pas affectés par le soleil. Par contre, les teintures de mauvaise qualité de certains cotons et d'autres fibres végétales sont sensibles au soleil et peuvent pâlir, surtout le noir et le bleu. Il faut donc tourner le vêtement à l'envers lorsqu'on l'expose au soleil.

04. FAUX Ce n'est pas le soleil qui fait raidir les vêtements, c'est le manque de vent ou l'eau de lavage qui est trop minéralisé (eau lourde).

05. VRAI Les rayons UV tuent les bactéries qui causent les moisissures responsables des mauvaises odeurs des chaussures.

06. FAUX Selon Santé Canada, la pollution et le smog n'auraient aucun effet sur la peau et les vêtements.

07. VRAI Le pollen se dépose sur les vêtements et peut être cause d'allergie pour les personnes sensibles au pollen.

BEAU TEMPS POUR ÉTENDRE

- **Pour que la corde soit bien ordonnée**, suspendez les vêtements par couleur, puis par longueur : les plus longs d'abord, les plus courts à la fin.
- **Étendre toujours lorsqu'il vente.** Le vent sèche, défroisse et assouplit les vêtements.
- **Pour minimiser le temps de séchage et de repassage**, secouez le vêtement avant de le suspendre. En l'épinglant, laissez-le un peu détendu pour qu'il se gonfle au vent.
- **Pour étendre jupe ou pantalon**, épinglez d'abord les coutures, et terminez par le centre, sans plier la bande de taille. Pour les tissus fragiles ou colorés, retournez-les à l'envers.
- **Suspendez les t-shirts la tête en bas.** Les polos s'étendent la tête en haut et col boutonné pour que le col reste bien en place.
- **Les chemises s'étendent également vers le bas, non boutonnée.** Épinglez d'abord les coutures de côté, puis réunissez les pattes de boutonnage et épinglez comme si la chemise était fermée. Ainsi suspendue, elle se gonflera dans le vent, séchera rapidement sans prendre de mauvais plis.
- **Les draps s'étendent pliés en deux parties égales** afin de minimiser l'espace sur la corde.

LE REPASSAGE

Un vêtement bien repassé est agréable à porter. Il en rehausse sa qualité et démontre un souci de propreté. Le repassage ne défroisse pas seulement les plis mais délie aussi nos tensions. On dit que le geste du va-et-vient du fer aiderait à combattre le stress. Profitez donc de ce moment relaxant. Vos chemises n'en seront que mieux repassées !

Mais avant, lisez l'étiquette du manufacturier (voir la section « Lessive »). Un fer trop chaud peut lustrer et brûler les fibres. Les points inscrits dans le symbole du fer (un, deux, trois) vous indiquent la température maximale à laquelle le tissu peut être repassé. Soyez prudente avec la rayonne et l'acétate qui se marquent au contact d'un fer trop chaud. Pour minimiser les dégâts, n'oubliez pas de repasser vos vêtements à l'envers.

Commencez toujours par les vêtements délicats (basse température) et terminez par le coton et le lin, qui demandent un fer très chaud. Pour vous faciliter la tâche, humidifiez les vêtements (avec le fer ou un vaporisateur à main). Prenez garde à la soie, à la viscose et à la rayonne : l'eau peut les tacher. Notez aussi que les fibres d'acrylique ne supportent aucune chaleur.

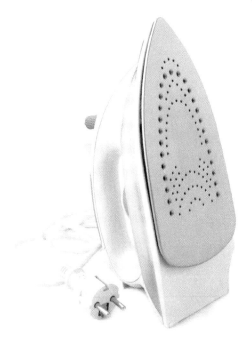

TRUC

Pour faciliter votre repassage, passez le vêtement sec quelques minutes dans la sécheuse, accompagné d'un chiffon imbibé d'eau. Les fibres seront ainsi humidifiées.

COMMENT REPASSER UN CHEMISIER ?

Une chemise se repasse en trois étapes.

01. **Commencez par repasser le col, l'empiècement du dos, l'emmanchure et les poignets**, en vous servant de la partie étroite et centrale de la planche.
02. **Puis, repassez les manches.** Faites un pli central pour les chemisiers classiques (et chemises d'habit pour hommes). Omettez le pli pour les chemisiers sport.
03. **Ensuite, étendez la chemise sur la partie large de la planche** pour que le tissu soit bien tendu. Repassez le coté droit et la boutonnière, le dos, puis le côté gauche.

Les bons outils

Pour vous faciliter la tâche, assurez-vous d'avoir les bons outils :

__UNE PLANCHE À REPASSER__ Elle doit être solide et munie d'une housse bien rembourrée. Achetez un coussin supplémentaire si nécessaire. Évitez les planches munies d'un support pour le fer, fixé à son extrémité. C'est inutile et encombrant.

__UNE JEANNETTE__ Cette petite planche à repasser montée sur pied et qui se pose sur la planche sert à repasser les manches étroites de certaines chemises.

__UN FER À REPASSER__ Choisissez-le lourd, pointu et de qualité.

__UNE PATTEMOUILLE__ Ce chiffon humide (un carré de coton blanc) sert à protéger les laines et les tissus délicats de la chaleur directe du fer. Il se place sur le vêtement à repasser.

__UN VAPORISATEUR D'EAU__ Un atomiseur pour les plantes rempli d'eau est idéal pour humidifier les tissus trop secs.

__DE L'EAU DE LINGE__ Cette eau parfumée à la lavande et autres fragrances donne une bonne odeur aux vêtements. Utilisez-la pour les humidifier.

__DE L'AMIDON__ (DE TYPE *GLIDE*) Ce produit amidonné empèse le tissu. Il est généralement utilisé sur les chemises de coton et de lin.

LEXIQUE VISUEL

LE T-SHIRT OU GAMINET
T-shirt

Pull en jersey de coton sans fermeture, il se caractérise par sa forme qui rappelle celle de la lettre T.

T-SHIRT
T-shirt

CAMISOLE
Camisole or Tank Top

Sous-vêtement féminin en mailles comportant des bretelles plus ou moins étroites. Son encolure est dégagée et dépourvue de boutonnage.

CAMISOLE
Camisole or Tank Top

LES CORSAGES
Bodices or Tops

Vêtement qui habille la partie supérieure du corps. Il peut être confectionné dans différentes sortes de tissus et présenté sous formes variées.

DÉCOUPE BRETELLE*	DÉCOUPE OFFICIER*	DÉCOUPE PRINCESSE*	CORSAGE AMPLE
Shoulder Seaming	*Military Seaming*	*Princess Seaming*	*Loose Fitting*

CORSAGE DROIT	CORSAGE SEMI-AJUSTÉ	CORSAGE AJUSTÉ	CORSAGE BLOUSANT
Straight Top	*Semi-fitted Top*	*Fitted*	*Blousing Top*

CORSET	CORSELET	CORSAGE-CULOTTE	BAIN DE SOLEIL
Corset	*Less Up Bodice*	*Body Suit*	*Halter Top*

LES ENCOLURES
Necklines

RONDE
Round

EN V OU PLONGEANT
V-Neck or Deep V-Neck

EN U
U Shape

CARRÉE
Square

EN CŒUR
Sweetheart

DRAPÉE
Crowl Neck

ASYMÉTRIQUE
Asymmetrical

BATEAU
Boat Neck

ÉPAULES DÉGAGÉES
Off the Shoulders

CAGOULE
Convertible Hood

LES EMMANCHURES
Armholes

SANS MANCHE
Sleeveless

AMÉRICAINE
Cutaway

RAGLAN
Raglan

MARTEAU
Saddle

LES MANCHES
Sleeves

MANCHE BOUILLONNÉE
Tiered and Puffed Sleeve

MANCHE BALLON
Short Puff

MANCHE PAYSANNE
Paesant

MANCHES COURTES PAPILLON OU À GODETS *Short Butterfly or Short Flutter*

MANCHE KIMONO
Kimono

MANCHE CAPE
Cap Sleeve

MANCHE DROITE OU MONTÉE
Set-in Sleeve

MANCHE DOLMAN
Dolman

MANCHE PAGODE
Pagoda

MANCHE BOUFFANTE
Bishop Sleeve

MANCHE TAILLEUR
Tailored

MANCHE CHAUVE-SOURIS
Batwing

MANCHE GIGOT
Leg-of Mutton

CLOCHE
Bell

MANCHERON
Set-in Cap

LONGUEUR DE MANCHES

01. Sans manche / *Sleeveless*
02. Mancheron / *Set-In Cap*
03. Manche courte / *Short Sleeve*
04. Manche trois quarts / *3/4 Sleeve*
05. Manche longue / *Long Sleeve*

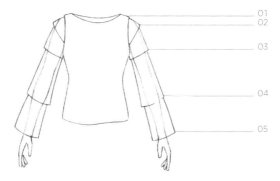

01
02
03
04
05

LE CHANDAIL
Sweater

Tricot de sport, de laine ou d'autres textiles, souvent à manches longues.

CACHE-CŒUR
Wrap Top

DÉBARDEUR
Pullover Vestie

COL ROULÉ
Turtle Neck

PULL (1)
Pullover

CARDIGAN
Cardigan

TANDEM (Pull & cardigan)
Twin-set (Pullover & cardigan)

CHANDAIL (2)
Sweater

PULL À CAPUCHON OU KANGOUROU
Hooded Sweat Shirt or Hoodie

1 Tricot de laine ou autres matières qui s'enfile par la tête.

2 Gros pull fait de tricot de laine ou d'autres textiles, souvent à manches longues.

DESCRIPTION DU CHEMISIER
Blouse

Vêtement féminin avec col et boutonnage,
qui rappelle la chemise pour homme. Le terme blouse
et chemisier s'emploient souvent l'un pour l'autre.

01. Col / *Collar*
02. Empiècement / *Yoke*
03. Pointe de col / *Collar Point*
04. Poche poitrine / *Breast Pocket*
05. Patte de boutonnage / *Buttoned Pocket*
06. Manche montée / *Set-in Sleeve*
07. Bouton / *Button*
08. Patte de capucin / *Pointed Tab End*
09. Pan / *Shirttail*
10. Poignet / *Cuff*

LES COLS DE CHEMISIER
Collars

COL CHEMISIER
Shirt Collar

COL MARIN
Sailor Collar

COL CLAUDINE
Peter Pan Collar

COL COLLERETTE
Collaret Collar

COL CHINOIS
Mandarin Collar

COL PURITAIN
Pilgrim Collar

COL ENTONNOIR
Funnel Collar

COL JABOT
Jabot Collar

COL CRAVATE OU ÉCHARPE
Collar-scarf or Tie

COL TAILLEUR
Tailored Collar

COL CHÂLE
Shawl Collar

COL CHEVALIÈRE
Musketeer Collar

COL CHEMISIER OUVERT
Open Shirt Collar

COL OFFICIER
Military Collar

POLO
Polo

LARGEUR DE JUPE

01. Ligne A / *A-line*
02. Trapèze / *Flared*
03. Droite / *Straight*
04. Crayon / *Pencil*

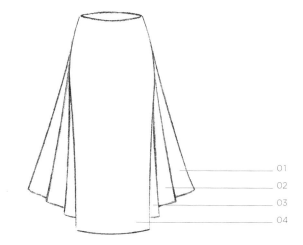

LONGUEUR DE JUPE

01. Micro / *Micro*
02. Mini / *Mini*
03. Chanel / *Chanel*
04. Midi / *Midi or Calf*
05. Maxi / *Maxi*
06. Longue / *Long*

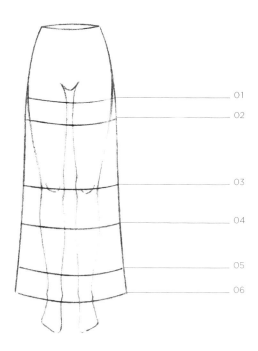

LA JUPE
Skirt

Vêtement qui descend le long des jambes généralement à partir de la ceinture.

TAILLEUR
Sheath

TROMPETTE
Trumpet

FOULARD
Handkerchief Hem

JUPE-CULOTTE
Culotte

KILT
Kilt

À QUILLES OU À GODETS
Gored with Set-in Quilles

PORTE-FEUILLE
Wraparound

À PLI CREUX
Inverted Pleats

FRONCÉE
Shirred or Gathered

À PLIS ACCORDÉON
Accordion Pleats

À PLIS PLATS
Knife Pleats

ÉTAGÉE OU FRONCÉE
Tiered or Ruched

À RELIGIEUSE
Horizontal Tucks

PARÉO
Sarong

DRAPÉE
Draped

FUSEAU
Tapered

SIRÈNE
Mermaid

CIRCULAIRE
Circular

PLI ROND
Box Pleat

BALLON
Puff

LONGUEUR DE PANTALON

01. Hot Pant / *Hotpants*
02. Short / *Shorts*
03. Bermuda / *Bermuda Pants*
04. Capri / *Capri*
05. 3/4 / *3/4*
06. 7/8 / *7/8*

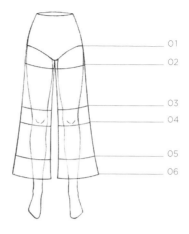

LE PANTALON
Trousers or pants

Vêtement qui couvre les deux jambes séparément, à partir des hanches ou de la taille jusqu'aux pieds.

FUSEAU
Stirred

AJUSTÉ
Slim or Stovepipe

CIGARETTE
Skinny

DROIT
Straight

ÉVASÉ
Boot Cut

À PATTES D'ÉLÉPHANT
Bell Bottoms

PALAZZO
Palazzo

SAROUEL
Sarouel

HAREM
Harem

PANTALON D'ÉQUITATION
Jodhpurs

CAPRI
Cropped Pants

LA ROBE
Dress

Vêtement de dessus composé d'un corsage pourvu ou dépourvu de manches. Il est prolongé par une jupe.

ROBE TRAPÈZE
A-Line Dress

ROBE EMPIRE
Empire Dress

ROBE BAIN-DE-SOLEIL
Halter Dress

ROBE ÉPAULES DÉGAGÉES
Off-the-shoulders Dress

ROBE POLO
Polo Dress

ROBE PRINCESSE
Princess Seams Dress

ROBE À BRETELLES OU NUISETTE
Slip Dress

ROBE BUSTIER
Strapless Dress

ROBE CROISÉE
Wrap Dress

ROBE FLÛTE
Flute Dress

ROBE CHARLESTON
Charleston Dress

ROBE CHEMISIER
Shirt Dress

ROBE FOURREAU
Sheath Jackie Dress

ROBE CHASUBLE
Jumper

ROBE COCKTAIL
Cocktail Dress

DESCRIPTION DE LA VESTE (AVANT)

01. Col / *Collar*
02. Revers / *Lapel*
03. Cran / *Notch*
04. Doublure / *Lining*
05. Manche / *Sleeve*
06. Poche plaquée et rabat /
    Patch Pocket and Flap

DESCRIPTION DE LA VESTE (DOS)

07. Fente médiane / *Center Back Vent*
08. Fente latérale / *Side Back Vent*

LA VESTE
Blazer or jacket

Vêtement à manches courtes ou longues, ne tombant généralement pas plus bas que les hanches.
Il est ouvert sur le devant et se porte sur une chemise ou un corsage. S'il fait partie d'un ensemble tailleur
(veston pantalon ou veston jupe), il se nomme veston.

BOLÉRO
Bolero

CHANEL
Chanel Style Jacket

VESTE DE JEANS
Denim Style Jacket or Jeans Jacket

VESTE COUPÉE
Cropped Jacket

VESTE MILITAIRE
Military Jacket

À BASQUE
Peplum Jacket

SPENCER
Spencer

SAHARIENNE
Safari Jacket

TAILLEUR
Women's Suit

LE MANTEAU
Coat

BLOUSON
Jacket

PERFECTO
Biker's Jacket

TRENCH
Trench Coat

ANORAK
Anorak

CANADIENNE
Sheepskin

CORVETTE
Duffle Coat

RAGLAN
Gabardine Raincoat

REDINGOTE
Redingote

CHESTERFIELD
Chesterfield

CONCLUSION

Voilà! Vous possédez maintenant les outils nécessaires pour bâtir une garde-robe à votre image. Vous comprenez les rouages du style, vous adaptez les tendances avec les courbes de votre corps et savez comment les mettre en valeur. Élaborer votre style prend soudain une nouvelle dimension.

Cependant, il se peut que vous questionniez encore vos choix vestimentaires. C'est normal! Tous les jours, on s'interroge sur le plat qu'on aimerait manger et la façon de le cuisiner. Et chacun possède une recette bien personnelle de poulet grillé ou de sauce tomates. Pas vrai? Il en va de même avec l'habillement. Votre style est ce grain de sel qui ajoute de la saveur à votre silhouette.

Faites-vous confiance. Vous êtes votre meilleur juge. Bien vite, vous acquerrez les bons réflexes et votre œil s'habituera à distinguer les couleurs, les matières et les coupes des vêtements qui vous avantagent. En assumant ce que vous portez, vous vous sentirez belle et rayonnerez.

S'habiller est une nécessité. Pourquoi ne pas prendre plaisir à le faire? Amusez-vous donc... mais sans négliger votre style. Cette façon que vous avez d'associer les vêtements entre eux, de les accessoiriser, de les endosser n'appartient qu'à vous. Elle est votre signature. Et c'est ce qui fait de vous une personne unique.

Merci!

REMERCIEMENTS

Je tiens à remercier toutes ces femmes que j'ai habillées au cours de ma carrière. Sans le savoir, vous avez été mes guides, mes muses.

Un grand merci aux personnes avec qui je collabore quotidiennement : **les gens des boutiques** et **agences de presse**, **les créateurs de mode**, **artisans, manufacturiers, représentants**. Vous faites vivre ma passion.

Marie-Hélène Lambert, Jacques-Lee Pelletier, Jocelyne Potelle, Linda St-Cyr, François Forget, Ginette Perras, Fanny Turcotte, Carolina La Flèche, Philippe Côté, Antoine Beauchemin, vous m'avez écoutée et encouragée. Un grand merci pour vos sages conseils.

Un remerciement spécial à **Denyse Lefebvre** pour son amour des couleurs, **Carole Éthier** pour son aide si précieuse, **Anne Robichon** pour son approche linguistique et **Vicky Boudreau** pour sa complicité.

Merci pour vos merveilleux sourires : **Mariloup Wolfe, Marie-Josée Taillefer, Izabelle Desjardins, Julie Bélanger, Geneviève Brouillette, Geneviève Guérard, Mireille Deyglun, France Castel, Karine Vanasse, Louise Forestier** et **Mitsou**. Merci à **Lise L'Écuyer** et **Lise Watier cosmétiques** pour leur aimable contribution.

Sans Brigade, ce livre aurait triste mine : **Maryse Verreault, Marie-Claude Fortin, David Kessous** et **André Renaud**, merci pour votre créativité. **Marie-Josée Rock**, merci pour ton coup de crayon et tes connaissances des époques. **Luc Robitaille**, merci pour ton regard unique. Tu sais nous rendre si belles !

À **Jacinthe Laporte**, cette folle de mode et de chaussures avec laquelle j'ai eu un grand plaisir à réaliser ce projet, merci.

Merci **André Provencher** et **Martin Balthazar** pour votre confiance.

Merci à mes trois complices, mes filles **Gabrielle**, **Doriane** et **Amélie** qui partagez ma passion. Je suis si fière de vous. Merci également à **Yves**, mon amour, pour sa compréhension et son support.

Merci à **mon père** qui m'a légué sa passion des mots que la maladie d'Alzheimer lui a tristement volés. Merci aussi à **ma mère** qui m'a appris à réaliser mes rêves.

CRÉDITS

MODE

Photographe *Luc Robitaille - www.robitaillephoto.com* / Assistante photographe *Pénélope St-Cyr-Robitaille, Marjorie Guindon* / Assistante styliste *Gabrielle Labrosse* / Maquillage *David Vincent et Richard Bouthillier pour Lise Watier Cosmétiques -* Maquillage & coiffure *Bruno Desjardins, Amélie Thomas et France Signori* Maquillage (Louise Labrecque) *Jacques-Lee Pelletier,* Coiffure *Julie Dugas*

CHAPITRE 01

Photo *Luc Robitaille -* Blouse léopard *Maison Simons* / Photos robes, cardigan et jupe *Boutique Mango*

CHAPITRE 02

Photo *Luc Robitaille -* Chandails *Maison Simons -* Cintre *California Closet* / Photos Robes *Boutique Mango*

GENEVIÈVE BROUILLETTE

Robe *Hélène Barbeau* / Collier *Loladesign & Swarovski* / Pochette *Christopher Kon* / Sandales *Browns* / Maquillage *Lise Watier*

MITSOU

Ensemble *Max Azria* / Maquillage *Lise Watier*

JULIE BÉLANGER

Blouse *Walk-in* / Jupe *Andy Thê Anh* / Manteau & collier *Banana Republic,* Chaussures *Browns* / Maquillage *Lise Watier*

LOUISE FORESTIER

Ensemble *Holt Renfrew* / Maquillage *Lise Watier*

CHAPITRE 03

Photo *Luc Robitaille -* Chemisier et photo *Anne Fontaine chez Ogilvy*

CHAPITRE 04

Photo *Luc Robitaille -* Vitrine *Oglivy*

IZABELLE DESJARDINS

Tunique *Underwold* / Tuque *La Fée Maraboutée* / Jeans *Parasuco* / Bottes *Browns* / Collier *Loladesign & Banana Republic* / Maquillage *Lise Watier*

MARILOUP WOLFE

Manteau *Collection 24* / Ceinture *La Fée Maraboutée* / Camisole *Gap* / Sac *Christopher Kon* / Lunettes *Chanel* / Maquillage *Lise Watier*

MARIE-JOSÉE TAILLEFER

Ensemble *Boutique Walk-in* / Chaussures *Browns* / Maquillage *Amélie Thomas*

MIREILLE DEYGLUN

Camisole et pantalon *BCBG* / Manteau *Muse par Christian Chenail* / Sac à main et chaussures *Browns*

FRANCE CASTEL

Ensemble *Ogilvy femme* / Maquillage *France Signori* / Merci au chien de France Castel, Betty

CHAPITRE 05

Photo *Luc Robitaille -* Mannequin *Ogilvy*

CHAPITRE 06

Photo *Luc Robitaille -* Étalage pulls *Maison Simons* / Photos vêtements et accessoires *Boutique Mango*

CHAPITRE 07

Photo *Luc Robitaille -* Sac à main *Ogilvy* / Jeans *Parasuco*

CHAPITRE 08

Photo *Luc Robitaille -* Étalage chapeaux *Ogilvy*

CHAUSSURES

Les incontournables et couleur passe-partout Chaussures *Browns* / Le talon d'Achille : Toutes les photos *La Canadienne sauf* (03) *Boutique Mango -* (09) *Brown* / L'accord parfait : Photo *Luc Robitaille -* Chaussures *Donald J. Pliner*

SAC À MAIN

Les incontournables : (01) *Christopher Kon -* (02) *Jeanne Lottie -* (03) *Browns* / (04) *Matt&Nat -* (05) *Joanel* / Sacrés sacs! : (01 et 05) *Hermès -* (02) *Dior -* (03) *Chanel -* (04) *Louise Vuitton* / L'accord parfait : Photo *Luc Robitaille -* Sac à main *Marc Jacobs chez Holt Renfrew*

CEINTURES

Les incontournables : Photos ceinture *Boutique Mango* / L'accord parfait : Photo *Luc Robitaille -* Ceinture *Jacob*

CHAPEAUX

S.O.S chapeau et Vrai ou faux : Photos *Ophélie Hats* / L'accord parfait : Photo *Luc Robitaille -* Chapeau *Ophélie Hats*

KARINE VANASSE

Blouse *Andy Thê Anh* / Sac à main *Zara* / Chapeau *Ophélie Hats tiré de la collection personnelle de Karine* / Maquillage *Lise Watier*

BIJOUX

La beauté des perles et la boîte à bijoux Photos 01A, 01B, 01C, 01D, 02A, 02B, 04, *Birks -* (02C) *Boutique Mango -* (03A) *Anne-Marie Chagnon -* (03B) *Longines et Swatch* / L'accord parfait : Photo *Luc Robitaille -* Sautoir *Loladesign*

FOULARDS

Les incontournables : Photo (01) *Hermès -* (02, 03 et 04) *Boutique Mango* / Dessins l'art du nouage : *Inspirés de la technique de nouage d'Hermès* / L'accord parfait : Photo *Luc Robitaille -* Foulard *Banana Republic*

COLLANTS

Photos collants *Voilà et Filodoro* / L'accord parfait : Photo *Luc Robitaille -* Collants *Voilà*

GENEVIÈVE GUÉRARD

Robe *Cynthia Steffe* / Collant *Voilà* / Bracelet *Swarovski* / Pochette *Jacob* / Maquillage *France Signori*

LINGERIE

Photo lingerie *Chantelle* / Camisole *Boutique Mango* / L'accord parfait : Photo *Luc Robitaille -* Soutien-gorge *Maison Simons*

MAILLOT DE BAIN

Photo lunettes solaires *Dior* / L'accord parfait : Photo *Luc Robitaille -* Maillot *Maïa*

CHAPITRE 09

Photo *Luc Robitaille -* Robe *Marie Saint Pierre chez Ogilvy* / Photo robe *Boutique Mango* / Escarpins *Browns* / Collier *Birks*

CHAPITRE 10

Photo *Luc Robitaille -* Robe *Michael Kors* / Photo chemisier *Boutique Mango*